_____ 님께 드립니다

_____ 년 _____월 _____일

_____

_____

이 책을 읽고 몽니스 사업에 대한 관심이 있으시다면
이 책을 전해 주신 분에게 자세한 설명을 받으시기 바랍니다.

기능성 화장품 하나로 상식을 뒤엎은
루안코리아의 이유 있는 연 매출 250% 성장의 비밀

몽니스 스토리

최병진 외 13명 지음

모아북스
MOABOOKS

PART 2
연봉 10억 버는 뷰티 플래너 성공수업

국내 네트워크마케팅 인구 600만 시대!

우리나라에 네트워크비즈니스가 자리 잡은 지 거의 30년을 바라보는 세월이 흐르는 동안 수많은 업체들이 문을 열었다가 사라져가곤 했습니다. 그중에는 꾸준히 성장하여 수많은 사업자와 회원이 함께하는 회사도 있고, 반면 '불법 다단계'라는 오명을 안고 무고한 피해자들에게 상처를 준 채 사라져간 업체들도 있었습니다.

그러나 장기적인 서민경제의 불황과 불확실한 미래로 인해 모두가 앞을 내다볼 수 없게 된 지금의 시대에 네트워크비즈니스 시장만큼은 꾸준히 성장해온 것이 사실입니다. 많은 제도들이 정비되고 트렌드가 바뀌면서 이제 네트워크비즈니스는 유통과 내수시장을 활성화시키고 나아가 평범한 개인에게 미래의 꿈을 심어주는 21세기에 가장 걸맞는 사업으로 자리매김할 수 있게 되었습니다.

실제로 지난 2013년도에 등록된 우리나라의 다단계업체 판매원은 무

려 570만 명에 이르렀던 것으로 집계되었습니다. 이는 그 전 해인 2012
년보다 무려 20% 이상 증가한 숫자였습니다.

이젠 인식도 많이 바뀌어 요즘에는 누구나 생활 속에서 접할 수 있고
도전해볼 만한 사업입니다. 그리하여 네트워크비즈니스를 긍정적으로
받아들이고 오히려 자발적으로 문을 두드리는 인구가 지속적으로 증가
하고 있습니다.

이러한 시대적 흐름 속에 지난 2012년 문을 연 루안코리아㈜는 '몽니
스'라는 스킨케어 제품으로 화장품 시장에 혁신을 일으켰습니다. 그리
고 불과 2년도 되지 않은 시간 동안 무서운 기세로 급성장하여 토종 네
트워크 업체 중에서 돌풍을 불러왔습니다.

네트워크 업계의 롤 모델이 되는 회사

왜 '몽니스'는 다를까요?
왜 루안코리아㈜는 네트워크 시장에서 롤모델이 되는 회사로 인정받
고 있을까요?

루안코리아㈜의 대표적 주력제품인 몽니스는 펩타이드 성분을 주성
분으로 국내 자체 생산 및 제조를 통하여 소비자에게 공급하는 고기능

성 화장품입니다.

2012년 5월에 루안코리아㈜(대표이사 박인천)가 출범하고 나서 그 해 11월에 출시된 '몽니스'는 출시되자마자 커다란 화제가 되었습니다. 화장품이라면 알만큼 안다는 여성분들 사이에서는 일명 '뿌리는 보톡스'라는 입소문을 타며 날개 돋친 듯이 퍼져나가기에 이르렀습니다.

이에 힘입어 루안코리아㈜는 첫 해인 2012년에만 30억 원의 매출을 올리고, 이듬해인 2013년에는 그보다 9배에 달하는 260억 원이라는 매출을, 이어서 2014년 상반기에만 370억 원의 매출을 기록하며 그야말로 놀라운 고속성장을 이루어왔습니다. 2014년도 들어 전년 대비 300%에 이르는 성장률을 보였고 2014년 하반기까지의 총 매출이 800억 원대에 이르는 기염을 토했습니다. 문을 연 지 2년도 되지 않은 신생 기업이 이룩한 성과라고는 믿을 수 없을 정도라는 감탄과 함께 관심을 갖게 되었습니다.

그러나 루안코리아㈜의 모든 사업자들이 단순히 이러한 매출에만 연연하는 것은 아닙니다. 국내 5만여 명에 이르는 몽니스 사업자들은 회사에 대한 자긍심과 신뢰도가 유독 높은 것으로 알려져 있습니다. 몽니스 사업자들이 하나같이 입을 모아 이야기하는 루안코리아㈜의 특별함은 다음과 같은 것들이 있습니다.

첫째, 당장의 이익보다 사업자와 소비자를 먼저 배려하는 회사의 마인드입니다.

둘째, 처음 시작하는 사업자들도 믿고 안정적으로 사업을 펼쳐나갈 수 있게 해주는 보상플랜과 합리적 시스템입니다.

셋째, 누구나 처음부터 배워나가면서 사업과 지식을 익힐 수 있게 하는 탁월한 교육 프로그램입니다.

넷째, 임직원과 사업자들, 상위 직급자들과 하위 직급자들을 골고루 배려하기 위하여 복지후생을 확충시켜 나가고자 하는 정책입니다.

다섯째, 국내 시장에 머무르지 않고 글로벌시장으로 진출하기 위한 프로그램을 세워두고 이를 하나씩 실현하고 있다는 점입니다.

몽니스 사업자의 특별한 매뉴얼, '신뢰와 공생'

'세상의 중심은 나이지만 루안코리아㈜의 중심은 우리이다! 모든 이들이 손잡고 세상을 향해 나아간다!' 라는 의미를 형상화한 루안의 CI 로고에서 알 수 있듯이, 루안에는 직급의 높고 낮음, 경제력의 많고 적음에 의한 차별이나 평가가 존재하지 않습니다. 먼저 사업을 시작한 사람들이 뒤이어 도전한 사람들과 파트너로 손잡고 함께 상생하고 발전한다는 네트워크비즈니스의 가장 현실적인 본질을 실천하고 있습니다.

또한 대한민국 토종 네트워크업체로서 당당하게 글로벌시장으로 진출하고 있는 중입니다. 그동안 태국, 라오스, 미국, 캐나다, 베트남, 말레이시아, 일본, 멕시코 등에 진출하여 글로벌 회원과 사업자만 1만 5천 명을 넘어서고 있습니다. 루안의 철저한 현지화 마케팅 성공 사례들은 글로벌로 진출하는 타 네트워크마케팅 회사들의 롤모델로 일컬어지고 있습니다.

이 책에는 그동안 몽니스 사업자로서 두각을 나타내며 열정을 불사른 13명의 이야기기 담겨 있습니다. 단순히 최고 직급자 순서로 수록한 것이 아니라 다양한 직급에 나이도, 성별도, 살아온 과정도 저마다 다른 사람들의 성공스토리와 라이프스토리가 다채롭게 펼쳐집니다.

이들의 이야기를 통하여 누구나 꿈을 펼칠 수 있고 누구나 성공할 수 있으며 누구나 더 나은 미래를 실현시킬 수 있다는 비전을 모두 함께 나눴으면 합니다.

루안코리아㈜ 회장 최 병 진

피부과학의 결실 몽니스 화장품

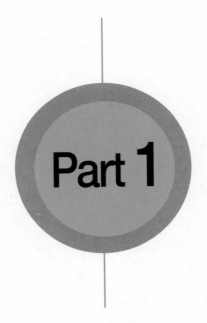

Part 1

'몽니스'가 어떤 화장품이기에 이토록 놀라운 열풍을 일으키고 있는 것일까?

웰빙과 천연 성분을 지향하는 최근의 화장품 트렌드 속에서

'몽니스'만이 지닌 특별한 장점이 무엇인지에 대해서 구체적으로 알아본다.

또한 루안코리아㈜가 고속성장을 이룰 수 있는

남다른 이유와 앞으로의 비전에 대해서도 알아본다.

1 | 몽니스에 빠진 대한민국

••
왜 몽니스 화장품인가?

바야흐로 '천연'과 '기능성'이라는 어휘가 화장품 시장의 최고의 트렌드가 되었다. 이제 소비자들은 무조건 유명한 브랜드, 무조건 비싸기만 한 화장품이 가장 좋은 화장품은 아니라는 것을 인식하게 되었다. 그리고 내 얼굴에 매일 바르는 화장품에 어떤 성분이 들어가 있고 어떤 과정을 거쳐 만들어진 것인지에 대해 깐깐하게 따질 줄 알게 되었다.

이미 몇 해 전부터 화장품에 들어있는 화학성분의 유해성이 사회적으로 큰 논란이 되어왔다. 고가에 팔리는 유명 브랜드의 인기 화장품 성분을 분석한 결과 인체에 유해한 중금속 성분이 기준치의 수십 배 혹은 수백 배까지 검출된 사례가 발표되어 소비자들에게 충격을 준 바 있다.

화장품에 함유된 중금속 성분이나 각종 인체에 유해한 화학 성분은 장기간 축적되면 될수록 배출되지 않고 체내에 쌓인다. 이는 피부 트러블은 물론이고 암을 유발하거나 각종 질환을 일으키는 원인물질이 된다.

문제는 이러한 유해 화학 성분이 든 화장품들의 경우, 피부에 발랐을 때 즉각 주름이 펴지거나 얼굴이 희어지는 효과가 있는 듯이 느껴지게 하는 경우가 많았다는 점이다. 그런데 이러한 효능은 피부를 근본적으로 건강하게 해주는 효능이 아니라 중금속이나 화학성분 자체의 일시적 효과에 불과한 것이다. 장기적으로는 피부를 손상시키고 예측하기 어려운 온갖 질환들의 원인이 된다. 예를 들어 크롬이나 수은 성분이 들어있는 미백 화장품의 경우 일시적으로 피부를 하얗게 만들어주는 것 같은 효과가 있지만, 이 성분들이 극소량이라도 체내에 흡수된 후에는 피부와 건강에 위해를 가하는 가장 큰 원인이 된다.

탁월한 천연기능성 화장품으로 승부

그렇다면 어떤 화장품을 써야 할까? 이에 소비자들은 어떤 성분이 함유된 화장품인지에 대해 주목하게 되었고, 화장품 시장에서는 '천연성분'이 함유된 제품들을 대대적으로 출시하며 광고 효과를 노리게 되었다.

하지만 '천연' 혹은 '식물성' 이라는 타이틀로 홍보하는 제품이라 하더라도 케이스의 성분 표시를 자세히 살펴보면 문제는 또 달라진다. 천연 혹은 식물성 성분의 추출물이 함유되어 있는 화장품이라 하더라도, 다양한 종류의 유해한 화학 첨가물, 예를 들어 파라벤이나 벤조페논 등등 일반인이 이해하기도 어려운 수많은 성분들이 여전히 함유되어 있는 경우가 많기 때문이다. 이런 경우 식물성 추출물이 극미량만 들어있을 뿐임에도 불구하고 '천연' 이라는 이름으로 대대적으로 광고하여 판매하기도 한다.

따라서 화장품을 고를 때에는 천연이냐 아니냐를 막연히 보는 것보다는, 인체에 위험한 유해물질이 들어있지 않는지를 함께 따지는 것이 더 중요하다. 그리고 어떤 방식에 의해 제조되어 구체적으로 어떤 효능을 가지고 있는 제품인지를 알아두어야 할 것이다.

루안코리아㈜의 대표적인 주력상품인 '몽니스 스킨 바이탈라이징 에센스' 의 경우 고농축 천연 성분과 안티에이징 성분이 들어있는 제품이다. 그런데 막연히 '천연' 성분만 함유된 제품이었다면 수많은 소비자의 인정을 받기 어려웠을 것이다. 몽니스가 여타 천연기능성 화장품과 다른 점은 여기에 있다.

첫째, 피부에 가장 큰 위해를 가하는 7가지 유해 화학 첨가물을 배제

했다는 점이다.

몽니스 에센스에 들어 있지 않은 7가지의 성분은 일반적으로 피부에 가장 큰 유해 자극을 주는 원인이 되는 성분이자, 그동안 수많은 화장품들에 함유되어 있었던 성분들이다. 이러한 화학적 첨가물을 완전히 배제함으로써 자극은 줄이면서 피부 본래의 기능이 살아날 수 있도록 돕는 것이다. 또한 몽니스에 함유된 고농축의 천연추출성분들은 식약처에서 지정한 화장품 품질테스트기관인 '한국식품연구소'에서 테스트를 완료한 성분들로서 피부 탄력과 주름 개선에 도움을 주는 식물성분들로 구성되어 있다.

둘째, 몽니스만의 멀티펩타이드 혼합 기술로 만들어졌다는 점이다.

화장품에 아무리 좋은 성분이 함유되어 있다 하더라도 효과를 발휘하려면 피부 속에 제대로 침투되어야 한다. 몽니스는 하이테크펩타이드 기술이라고 부르는 핵심기술을 통하여, 제품 속의 유효한 성분들이 피부 깊숙이 침투되어 콜라겐 층까지 채워주고 효능을 발휘할 수 있는 원리를 적용하였다. 즉 활성 성분의 크기를 최소화하여 깊숙이 흡수시키는 기술이다.

늘어지는 피부와 눈가 주름, 얼굴 주름과 목주름을 개선시키고 탄력과 미백 효과를 보여주는 몽니스의 효능은 단지 좋은 성분이 들어있어서뿐만 아니라 이 성분들이 제대로 침투되었기에 가능했던 것이다.

내 피부를 지켜주는 몽니스가 좋은 이유는?

유독 우리나라 여성들은 화장품을 여러 단계에 걸쳐 여러 개를 발라야 한다는 생각이 길들여져 있는 경우가 많다.

외국 여성들이 스킨 하나, 로션 하나 정도로 한두 개만 바르고 끝내는 것과 달리 한국 여성들은 스킨, 로션, 에센스, 크림, 아이크림, 나이트 크림 등 수많은 종류의 화장품을 단계별로 여러 개 발라야 한다는 믿음이 강하다. 그러다 보니 기초화장품과 색조화장품에 이르기까지 10가지가 넘는 화장품을 아침저녁으로 바르는 것이 효과적인 스킨케어라고 믿는다.

그러나 우리나라 화장품 시장에서 유독 세분화되어 있는 이들 단계별 품목들은 스킨이냐 크림이냐에 따라 묽은 정도만 달리한 같은 성분의 제품이라는 사실이 알려져 있다. 또한 전문가들은 얼마나 많은 종류의 화장품을 바르느냐 하는 것은 그다지 중요하지 않다고 지적한다.

부위별, 기능별, 단계별 화장품을 얼마나 많이 바르느냐 하는 것보다는, 그 화장품의 좋은 성분들이 피부 깊은 곳, 즉 진피 층까지 제대로 침투해 효과를 발휘했느냐가 더 중요하다는 것이다.

많이 바르는 것보다 침투력이 좋아야 한다

왜 침투력이 중요할까?

이를 이해하기 위해서는 우리의 피부 구조를 알아둘 필요가 있다. 피부는 바깥층에서부터 표피, 진피, 피하조직으로 나뉘어 있다.

이때 피부의 노화와 직결되어 있는 부분이 바로 진피 부분이다. 진피에는 콜라겐, 엘라스틴이라고 하는 섬유성 결체 조직이 존재한다. 이 결체 조직은 표피를 지지하여 피부 탄력성을 유지하는 역할을 한다. 대개 30세 이후로는 남녀 모두 피부 노화가 급속히 진행되는데, 이때 감소하기 시작하는 성분이 바로 진피 층의 콜라겐과 엘라스틴이다. 그래서 점점 주름이 깊어지고 피부 표면이 거칠어진다.

화장품 속의 유효 성분이 원래대로의 효능을 발휘하려면 그 성분들이 진피까지 닿아야 한다. 깊이 침투해 들어가야 영양을 공급할 수 있고, 콜라겐과 엘라스틴의 구조를 계속 탄탄하게 만들어줄 수 있다. 그런데 이 콜라겐이라는 성분은 큰 분자구조를 형성하는 펩타이드 결합으로 이루어져 있어, 피부 속 깊이 침투하는 유도체 없이는 아무리 좋은 화장품을 많이 발라도 제대로 영향을 끼치지 못한다.

몽니스의 제조 기술이 남다른 이유는 멀티 펩타이드의 독특한 혼합 방식에 대해 연구한 끝에 펩타이드 단백질 분자를 최소 단위로 쪼개어 저분자화 시킴으로써 피부 속 깊숙이 흡수되도록 하는 방법을 활용했다는 점이다. 이것을 펩타이드 유체응용기술이라고 일컫는다. 즉 분자를 잘게 쪼개어 피부 탄력에 도움을 주는 식물 성분을 피부 속까지 침투할 수 있도록 한 것이다.

여러 단계를 발라야 한다는 건 허상이다

몽니스의 또 하나의 강점은 단일 제품만으로 충분한 효과를 나타낸다는 점이다. 몽니스는 스킨, 로션, 아이크림, 앰플, 나이트크림을 모두 합친 것과 같은 토탈 효과를 한 병만으로 충분히 구현된다. 스킨, 로션, 크림 등을 기능별로, 부위별로 따로따로 발라야 한다는 기존의 선입견을 정면으로 뒤집은 제품이다.

기존의 화장품들은 단계를 더 잘게 나누는 전략을 써왔다. 스킨과 로션뿐만 아니라 스킨 전에 바르는 제품을 출시하고, 로션과 에센스를 나누고, 기능에 따라 미백과 수분 기능을 나누며, 나이트크림과 마사지크림을 따로 나눈 경우가 많았다. 또한 부위별과 연령대별로 더욱 세분화시키기도 했다.

전문가들은 이처럼 단계를 복잡하게 세분화하여 제품을 출시하는 것은 단지 품목에 따른 소비자들의 소비 항목을 늘임으로서 전체 매출량을 높이려는 하나의 전략이라고 지적한다. 한두 가지만 구입해도 될 화장품을 여러 개 구입하도록 유도하기 때문이다.

　단계를 세분화시켜 소비를 유도하는 전략과 더불어, 유명한 톱스타들을 광고 모델로 기용함으로써 브랜드 가치를 올리는 것도 주된 전략이다. 결국 소비자들이 유명 브랜드의 다양한 종류의 고가 화장품에 소비하는 비용은 화장품의 효능에 따른 것이라기보다는 그 제품의 광고효과에 지불하는 비용이라고 할 수 있다. 이를 위해 때로는 100만 원에 육박하는 값비싼 화장품을 구입하기도 한다.

　반면 몽니스는 단 하나의 제품일뿐더러 사용 방법이 단순하다는 점에서 기존의 상식을 뒤엎는다. 아침저녁 세안 후, 혹은 낮에 일상생활을 하는 중 수시로 뿌리기만 하면 된다. 시간과 횟수에 상관없이 얼굴에 스프레이하고 가볍게 흡수시키기만 하면 되므로 기존의 화장품과는 비교할 수 없을 정도로 심플하다. 연령대는 물론이고 남녀 모두 사용할 수 있다는 점에서 가격대비 실용적이다. 한 번 사용한 소비자들의 높은 재구매율이 이를 증명해 주고 있다.

몽니스에는 없는 화장품 유해성분 7가지는 무엇인가?

대부분의 일반적인 화장품에는 다양한 종류의 유해 화학성분이 함유되어 있다. 구성 성분 표기란을 통해 확인할 수 있는데, 우리 몸에 가장 유해한 화학성분들이 무엇인지 기본적으로 알아둘 필요가 있다.

화장품을 선택할 때 특히 다음의 성분이 있는지 여부를 확인하는 것이 좋다. 몽니스에는 다음 7가지 물질들이 들어 있지 않다.

1. 인공색소

- 대부분의 화장품에는 다양한 종류의 인공색소가 쓰인다. 인공색소는 화장품의 색깔을 유지시켜주기 위해 쓰이는데, 석유의 타르 성분으로 만들어진다.

- 합성착색료(황색4호, 적색219호, 황색204호, 적색202호 등)가 있으면 인공색소가 쓰인 것이다.

- 두통, 구토, 메스꺼움, 현기증, 기관지 손상, 피부 장애 등의 원인이 된다.

2. 미네랄오일

- 원유를 석유로 정제하는 과정에서 대량으로 생성되는 부산물이다.
- 사용 직후에는 일시적으로 얼굴을 광택 나게 하고 보습력이 좋은 느낌을 준다. 그러나 피부 지방을 빼앗고 모공을 막아 모공이 늘어나고 피부 노화를 촉진시킨다.
- 석유의 기름 성분이 산화되면 악취를 풍기거나 변색된다. 이때 생성되는 과산화 물질이 피부를 자극한다. 체내에 흡수되면 간장 장애와 암을 유발한다.

3. 벤조페논

- 스킨케어, 헤어케어, 색조화장품 등 다양한 종류의 화장품에 변색방지제로 사용된다.
- 특히 자외선차단제에 많이 사용되며 논란을 불러일으켰다. 벤조페논이 들어있으면 자외선을 흡수하고 분해하는 과정에서 열을 발생시켜 피부를 자극하고 알레르기 반응을 일으킬 수 있다.
- 미국의 캘리포니아 주 보건부의 최기형성(선천성 결손아가 출생할 수 있는 위험성을 지칭) 의심물질 리스트에 포함되어 있는 물질이다.

4. 파라벤

- 화장품이 상하지 않도록 하는 보존제로서, 스킨, 로션, 크림 등 대부분의 화장품에 들어 있다.
- 대표적인 피부 자극 성분으로서, 내분비계 교란, 노화 촉진 등 인체 유해성에 대한 논란이 가장 큰 성분이다.
- 유방암 환자의 종양과 체내에서 파라벤이 검출되었다는 연구 결과가 있다.
- 식약청에서도 파라벤이 내분비계 장애를 일으킬 수 있다는 연구결과를 발표한 바 있다. 그러나 아직까지 파라벤 사용 제재에 대한 명확한 기준이 마련되어 있지 않고 있다.
- 파라벤은 미량으로도 체내에 축적되며, 분자가 작아 화장품에 함유되면 피부 깊은 곳까지 침투할 가능성이 크다.

5. 프탈레이트

- 플라스틱을 부드럽게 만드는 화학 첨가제이다.
- 장난감, 세제, 각종 PVC 제품 등에 다양하게 쓰이며, 화장품이나 향수의 용매제로 쓰인다.

- 1999년부터 세계 각국에서 내분비계 장애를 유발하는 환경호르몬 추정 물질로 관리하고 있다. 2005년 유럽연합(EU)의 생태독성 및 환경 과학위원회에서는 발암성, 변이독성, 재생독성이 있는 물질임을 인정하고 사용을 금하였다.

6. 프로필렌클리콘

- 흔히 PEG라고 표기하는 물질이다.
- 석유에서 추출하고 합성하여 만드는 보습제이다.
- 중추신경계 억제, 발작, 안구 자극, 피부 자극, 알레르기, 발진, 습진 등을 유발할 수 있다.

7. 아크릴아마이드

- 탄수화물을 굽거나 튀길 때 발생하는 강력한 발암물질이다. 감자 튀김, 포테이토칩 등 기름으로 조리하는 패스트푸드에 다량 함유되어 있다.
- 화장품에 함유될 경우 점도를 높여 발림을 좋게 하고 피부에 화학적

피막을 만들어 부드러운 감촉을 준다.

　- 미국 유방암협회에서 유방암의 원인 물질로 피할 것을 강력히 권고
한 물질이다.

8. 그밖에 피해야 할 물질

호르몬 성분

　- 에스트로겐, 난포호르몬, 에스트라지올, 에티닐에스트라지올 등이
있으며, 호르몬 체계를 교란시켜 출혈 등 부작용을 유발할 수 있다.

소디움라우릴황산염

　- 계면활성제와 세정제로 사용되는 물질이다.

　- 화장품, 치약, 샴푸, 거품 세제 등의 주성분이다.

　- 피부로 침투해 체내에 축적될 경우 심장이나 폐에서 발암물질을 만
든다.

아보벤젠 = 파르솔1789

　- 햇빛과 만날 때 활성산소를 만들고 DNA를 손상시키는 대표적인 발
암물질이다.

- 우리나라에서는 5% 미만으로 사용하도록 되어 있다.

트리에탄올아민(TEA)
- 세정제의 원료가 되는 성분으로 클렌징 제품에 주로 들어간다.
- 화장품에 함유된 경우 산도(PH) 조절용으로 쓰인다.
- 피부건조, 안구질환 등을 유발하며, 장기간 사용으로 체내에 축적될 경우 독성을 발생시킬 수 있다.

이소프로필알코올
- 로션, 린스, 향수 등에 함유되어 있다.
- 두통, 구토 등을 유발하며 신체 면역력을 저하시킨다.

기타
- 디부틸히드록시톨루엔(DHT), 부틸하이드록시아니솔(BHA), 소르빈산, 부틸메록시디벤조일메탄, 이미다졸리디닐유레아, 디아졸디닐유레아, 디엠디엠히단토인, 이소프로필메틸페놀=이소프로필크레졸, 프로페놀, 이소프로페놀, 티몰, 트리이소프로파놀아민 트리클로산, 페녹시에탄올, 폴리에틸렌글리콜 등

피부 속부터 살려주는 몽니스의 9가지 주요 성분은?

1. 아세틸 헥사펩타이드-8

: 피부 탄력, 노화 방지

- 무독성의 아미노 펩타이드로서 무독, 무해 물질이다.

- 주름의 근육에 연결된 신경 세포의 조절을 통해 피부 탄력을 증가시킨다.

- 저분자 구조의 펩타이드를 피부에 침투시켜 단시간에 탄력을 증가시키는 효과가 있다.

- 기존의 보톡스 성분에 의한 각종 부작용(알레르기 반응, 근육 마비, 눈꺼풀 처짐 등)의 우려를 제거한 대체물질이다.

2. 팔미토일 펜타펩타이드-3

: 피부 탄력, 리프팅, 주름 개선

- 무독, 무해한 단백질 구성 성분이다.

- 콜라겐 단백질의 생성을 촉진하여 피부 탄력을 증가시킨다.

- 피부장벽 강화에 도움을 주어 뛰어난 보습력을 준다.

3. 엑조폴리 사크라이드

: 피부 탄력, 천연 보습

- 대서양의 청정 해역 자생하는 해조류(다크 그린 알개)를 섭취한 플랑크톤 미생물이 생성하는 물질이다.
- 피부의 콜라겐과 엘라스틴 생성을 촉진시켜 탄력을 증진시킨다.

4. 루스쿠스 아쿨레아투스

: 피부 탄력, 천연 보습

- 지중해 연안에서 자생하는 백합과의 상록 관목으로서, 잎 위에 꽃이 피고 꽃이 핀 자리에 붉은색 열매가 열리는 희귀식물이다.
- 뿌리 추출물을 사용한다.
- 세포에 영양을 공급하여 피부 재생, 항산화 작용을 하며 피부 보습에 도움을 준다.

5. 인동덩굴꽃 추출물

: 천연 방부제

- 금은화 혹은 인동초라 불리는 식물로, 추운 겨울에도 잎이 시들지 않고 봄에 다시 싹이 튼다.

- 피부 노화의 주요 원인인 유해 산소를 제거하여 피부 노화를 예방한다.
- 피부 트러블을 진정시키며 천연 방부제 및 수렴 작용을 한다.

6. 아데노신

: 주름 개선, 피부 재생
- 식약청에서 주름 개선 효과가 있다고 인증한 기능성 성분이다.
- 동식물의 미생물에 존재하는 아미노산 계열의 단백질 성분이다.

7. 나이아신 아마이드

: 미백 기능
- 식약청에서 미백 기능 효과가 있다고 인증한 미백 기능성 성분이다.
- 피부 색소를 침착시키는 멜라닌 생성을 억제하여 칙칙한 피부를 맑고 투명한 톤으로 개선하는 효과가 있다.

8. 해양 콜라겐

: 피부 탄력, 리프팅, 주름 개선

- 저분자 구조로 가공, 피부 침투율을 최대화하여 세포와 세포 사이에
콜라겐을 안전하게 흡수, 피부를 탄력 있고 촉촉하게 만든다.

9. 효모 베타 글루칸

: 피부 재생, 주름 개선

- 버섯 및 효모의 세포 벽 등에 존재하는 우수한 항산화 성분 물질로
50% 이상이 단백질로 구성되어 있다.

- 필수 아미노산 다량 함유, 피부 재생, 피부 보호 기능으로 피부를 탄
력 있고 부드럽게 유지한다.

'일하는 여자를 위한 선물, 몽니스'

여자들의 아침은 바쁘다. 남편 챙기랴, 아이들 챙기랴. 그렇게 부산하게 움직이다 보면 아침식사와 화장 중 하나를 선택해야 할 때도 있다. 정상적인 여자라면 열이면 열, 백이면 백 당연히 화장을 택할 것이다. 밥은 굶어도 티가 안 나지만 화장을 거르면 그동안 숨겨왔던 모든 비밀이 백일하에 드러나기 때문이다.

그러니까 아침 식사를 택할 것이냐 화장을 택할 것이냐가 아니라, 아침 식사를 택할 것이냐 지각을 택할 것이냐의 문제로 바뀌게 된다. 그에 더해 가끔씩은 운전대를 잡은 채로 립스틱을 바르고, 마스카라로 속눈썹을 감아 올려야 한다. 사회 초년생 시절에는 상상도 못했던 일들이 현실로 이루어지는 셈이다. 교통 신호를 기다리면서, 잠깐 동안의 차량 정체를 이용해서 마치 마술이라도 부리는 것처럼 변신을 한다.

여자 나이 한 살에 화장품 하나 더 추가라는 말도 있다. 20대라면 몰라도 30대부터는 이 우스갯소리 같은 말이 어느 정도는 들어맞는다. 더구나 30대에서 40대를 넘어서게 되면, 들어맞는 정도가 아니라 거의 '진리'라고 받들어야 한다. 슬프지만 어찌할 수 없는 현실이다.

외부에서 보이는 것은 색조 화장이지만, 그 색조 화장이 돋보이게 하기 위해서는 기초화장이 필수다. 운동을 잘 하기 위해서 기본기가 중요하듯이 화장을 잘 하기 위해서도 기본을 잘 닦아야 한다.

토너, 에멀젼, 스킨, 로션, 에센스, 아이크림에 보습 크림까지 엇비슷한 기능을 가진 제품을 이름만 바꿔가면서 출시하는 것도 모든 여성이 기초화장의 중요성을 잘 알고 있으리라고 전제하고 있기 때문일 테다. 신기한 것은 전혀 영어를 모르는 여성이라고 해도 화장품에 관한 한 그 누구의 도움 없이도 사용법 등을 알아차린 다는 것이다. 화장을 하기 위해서 별도로 영어 공부를 해야 하는 촌극이 빚어지지 않는 것은 분명 여성만이 가진 초능력 중의 하나임이 분명하다.

수많은 브랜드의 화장품이 있고, 브랜드마다 수많은 종류의 화장품이 쏟아지고 있는데 과연 좋은 화장품은 어떻게 고를 수 있을까?

절대로 화장품을 바르지 말라는 경고에서부터, 파라벤이 없어야 한다느니 있어도 상관없다느니 말도 많다. 화장품에 대한 진실과 오해사이에서 고민하다가도 답은 늘 하나다. 좋은 건 써보면 안다. 똥과 된장은 찍어먹어 보지 않아도 구분할 수 있지만, 화장품은 찍어 발라 봐야 안다.

나이가 들수록 밝고 투명한 피부에 대한 아쉬움은 점점 더 커진다. "맨 얼굴이 제일 예쁘다"는 말의 뜻을 제대로 이해하게 되면서, 그 꽃 같던 소녀시절에는 왜 그리도 화장을 하고 싶었던 것인지 절로 쓴웃음이 나온다.

이제는 뾰루지라도 하나 생기면 마치 악성 종양에라도 걸리기라도 한 것처럼 두려워진다. 그러니 색소의 침착과 착색은 더 이상 말해 무엇하랴. 업무량이 많거 나 잠이 충분치 않을 땐 다크 서클로 줄넘기를 해도 되겠다 싶을 때가 있다. 칙칙 하고 늘어진 피부가 안쓰럽다가도 관리가 소홀해서인가 싶어 화장대를 기웃거리게 된다. 이것도 발라보고 저 팩도 뒤집어 써 보지만 작심삼일이라고 며칠 안 가 다시 일상에 지쳐 손을 놓아버리기 일쑤다. 전문적인 관리라도 받아봐야 하나 싶다가도 비용에, 시간에, 아줌마로써는 이도저도 여의치가 않다. 그런 와중에 우연히 만난 제품이 몽니스다.

좋은 것 열 가지보다 나쁜 것 한 가지가 더 무서운 세상이다. 눈에 불을 켜고 포장용기에 명시되어 있는 성분들부터 훑어본다. 인공색소, 벤조페논, 파라벤, 프탈레이트 등 최근 논란이 되고 있는 7가지 피부유해성분을 배제하고 만들었다고 하니 부담 없이 써 볼만 하겠다. 강남 아줌마들 사이에서는 '뿌리는 보톡스' 라는 위험천만한 이름으로 불린다. 아무리 말 많은 세상이지만 뿌리는 보톡스라니. 의심의 눈초리로 바라보다가 혹시나 하는 마음으로 한 통을 구했다.

그랬는데 벌써 다섯 통 째다. 한 통을 다 쓸 무렵부터 얼굴이 환해졌다는 얘길 듣기 시작해서 점점 예뻐지고 피부 좋다는 말까지 듣고 있다. 아침저녁으로 세안 후 스프레이형식의 에센스를 뿌려주고, 건조한 피부를 위한 오일 몇 방울이면 기초화장 끝이다.

얼마 전 절대동안에다 명품화장품의 모델이기도 한 여배우가 인터뷰에서 동백기름과 수분크림만 쓴다고 해 시중에 동백기름이 동이 났다던데. 이것저것 잡다한 것들을 복잡하게 쓰는 것보다 제대로 된 제품 하나를 꾸준히 사용해 보는 것이 훨씬 수월하고 효과적인 피부 관리법이다.

수많은 정보가 넘쳐나고 궁금한 게 생기면 스마트폰이나 컴퓨터 검색창에 먼저 묻는 시대지만 그래도 사람은 겪어봐야 알고, 제품은 써봐야 안다.

(김나영 기자, 한국마케팅신문 2014년 3월 21일자)

2 | '홀로 성장' 이 아닌 '동반 성장' 을 꿈꾸다

•• 업계에 정평이 난 교육시스템으로 승부하다

네트워크비즈니스의 가장 중요한 본질은 '복제' 시스템에 있다.

네트워크마케팅은 생활 속의 소비 방식 자체를 바꾸는 것만으로도 누구나 사업을 할 수 있다는 데 그 원리와 핵심이 있다. 또한 소비 습관을 바꾸는 것만으로도 연령과 남녀, 학벌, 기존의 경험과 상관없이 누구나 도전할 수 있고 배울 수 있고 이를 통해 경제적인 자유를 얻는 사업이다. 그런데 이는 누구나 가만히 앉아서 이유 없이 수익을 얻을 수 있다는 뜻이 아니라 끊임없는 배움과 교육과정을 통해 성공한 사업자들의 노하우를 배워 동반 성장할 수 있다는 뜻이다.

그래서 네트워크비즈니스에서는 교육을 가장 중시한다. 교육을 통해서만이 성공 노하우를 복제할 수 있기 때문이다.

자타가 공인하는 루안코리아㈜의 가장 큰 강점 중 하나가 바로 회사의 탁월한 교육 시스템이다. 다양한 교육프로그램의 사업자 교육, 임원 교육, 리더 교육, 경영 교육, 인성 교육의 틀을 만들어, 교육을 통해 사업자들의 시행착오를 줄이고 성공에 이르는 지름길로 안내하는 것이 루안코리아㈜에서 가장 크게 지향하는 방향성이다.

소비자와 사업자에게 주력하는 뷰티아카데미

루안코리아㈜에서는 전국 50여 개에 이르는 교육장을 기본 베이스캠프 삼아 회사별, 그룹별 교육을 실시한다. 본사에서뿐만 아니라 각 그룹별로 그룹 산하에서 다양한 교육 프로그램을 운영 중이다.

그중 본사 차원에서 진행하는 가장 대표적인 교육 프로그램이 바로 뷰티아카데미이다. 뷰티아카데미는 소비자와 사업자, 회원과 비회원이 누구나 참여할 수 있는 프로그램이다.

몽니스를 막연히 알리고 막연히 사업하는 것이 아니라, 쓰는 사람과 사업하는 사람 누구나 교육과정을 거친 후에 소비하고 사업하도록 안내한다. 단순한 소비자건 처음 네트워크사업을 하는 사업자건, 몽니스가 왜 좋은지를 체험 해 본 후 제대로 알게끔 돕는 것이다.

주 1회씩 월 3회에 걸쳐 진행하는 뷰티아카데미의 커리큘럼은 다음과 같이 진행된다.

1주차 : 피부에 대한 이해와 상식 배우기
- 주름 기미 모공 등이 어떻게 생기고 개선방법은 무엇인지?
- 노화 예방에 효과적인 방법은 무엇인지?
- 피부의 결과 속을 아름답게 하는 방법은 무엇인지?
- 몽니스와 팩의 기능은 무엇에 있는지?

2주차 : 일반 화장품과 루안 화장품의 장단점 알기
- 일반 화장품이 만들어지는 과정 이해하기
- 화장품 가격과 효능 알기
- 루안 화장품은 어떤 기능이 있는가?
- 화장품이 노화를 개선하는 메커니즘은 무엇인지?

3주차 : 화장품 필드 마켓 분석과 루안 제품 실습하기
- 화장품 사업에 있어 좋은 방법은 무엇인가?
- 어떤 제품이 스스로 팔려 나가는 제품인가?
- 내 피부상태와 즉각적 효과 확인하기
- 뷰티 컨설턴트 수료식 : 수료증 수여하기

국내 네트워크 업계 최초로 상속 인정이 되다

2014년 9월 4일, 루안코리아㈜에서는 국내 최초로 네트워크 사업자의 상속을 인정하는 상속 인정식을 하였다. 이날 루안코리아에서 열정을 다해 사업을 하다 지병으로 사망한 조재춘 사장님의 직급 상속이 남편인 박영성 사장님에게 양도 및 양수되는 것을 공식으로 인정하였다.

이 상속 인정식이라는 것은 방문판매법 23조 11항에 의거한 것으로, 회사의 사업자가 사업 도중 사망했을 경우 사업자의 배우자가 아이디를 이어받아 사업자가 될 수 있음을 뜻한다. 회원 아이디와 수당의 상속은 법적으로는 정해져 있는 것이었지만 그 전까지 국내에서는 그 사례를 찾을 수 없었던 것이 관행이자 풍토였었다.

따라서 이번 상속 인정식은 회원의 아이디를 남편에게 상속함으로써 실질적으로 상속이 이루어진 공식적인 첫 번째 사례라고 할 수 있다.

사업자가 평생 믿고 일할 수 있는 회사

이것은 상속받은 사람의 사업 능력과 상관없이 아이디의 승계를 회사와 회원 모두가 인정한 것이다. 비록 상속을 받은 당사자가 처음부터 사업에 참여하지 않은 채 스폰서가 되었다 할지라도, 모든 회원들과 파트너들이 그 사람을 새로운 스폰서로 받아들이기로 합의하고 인정한 것이다.

물론 상속을 받은 배우자가 사업자로서 성장하기까지는 어느 정도의 과정과 시간이 걸리게 되겠지만, 상황이 어떻게 전개되든 상속된 아이디에 대해 인위적으로 수정하는 일이 없을 것임을 회사 차원에서 선언한 것이라고 할 수 있다.

업계에서는 상속을 정식으로 인정하는 국내의 첫 사례를 높이 평가하면서, 루안코리아가 토종 네트워크 업체로서 장수기업으로 영속하겠다는 의지와 입지를 엿볼 수 있는 사례로 해석하고 있다.

이처럼 루안코리아에서는 기존의 회원들이 회사를 더 믿고 안정적으로 사업에 임할 수 있도록 다각적인 노력을 기울이고 있다. 또한 회사 바깥에서 사업자들이 지역사회에 기부와 봉사활동을 함으로써 '상생'의 비전을 실천하고 있다. 이를 위해 노인복지센터 등 소외계층을 돕는 봉사기관 및 복지시설에 쌀과 생필품 등을 기부하는 활동을 펼치고, 회사 및 회원들이 후원활동에 참여하도록 하고 있다.

'상속, 네트워크비즈니스의 매력'

많은 사람들, 특히 자녀를 둔 엄마들은 네트워크비즈니스의 가장 큰 매력으로 '상속' 을 꼽는다. 당장 나 자신은 힘이 들더라도, 내가 노력해서 이룬 것들을 내 아이에게 물려줄 수 있다는 것이 세상의 그 무엇보다 크게 느껴진다고 한다. 왜 아니겠는가. 세상의 모든 엄마들, 더 없이 가난하고 보잘것없는 상황에 처한 엄마들조차 내 아이에게만은 좋은 여건을 물려주고 싶은 마음은 한결 같다. 아버지들의 마음 역시 엄마들의 그것과 아주 다르지는 않을 것이다.

지난 9월 루안코리아에서 정식으로 회원 아이디를 남편에게 상속하는 행사가 열렸다. 비록 2세들에게 이어지지는 않았지만, 말로만 들어왔던 다단계판매원의 아이디가 정식 절차를 밟아 상속된 것이다. 이론적으로는 가능한 일이었지만 실질적으로 상속이 이뤄진 사례가 공식적으로 발표된 것은 루안코리아가 처음이다.

사실 다단계판매에서의 상속이란 일반적인 그것과는 꽤 큰 차이가 난다. 부동산과 동산을 포함한 상속은 대부분 재산을 물려받고 상속세를 납부하는 것으로 끝난다. 그러나 다단계판매에서의 상속이란 스폰서와 파트너가 바뀌는 것이다. 그러므로 파트너의 입장에서는 스폰서를 받아들이기가 쉽지 않다. 아무리 법적으로 정해진 일이라고는 하지만 아이디를 상속받은 사람이 스폰서에게 부과된 책임과 의무를 다 하기는 쉽지 않기 때문이다.

물론 다단계판매란 명백한 자영사업이므로 스폰서가 있든 없든 자신만의 사업을 진행하면 된다. 그러나 이 사업의 특성상 자신에게 도움을 주지 못 하는 스폰서가 자신으로 말미암아 발생하는 수당을 받아 가는 현실을 감내할 수 있는 파트너는 많지가 않다. 물론 성급한 예단일 수도 있으나 그것이 엄연한 현실이다.

그러한 까닭에 이번 루안코리아에서 정식으로 상속을 인정해주는 자리를 마련한 것은 다단계판매업계 전체에 시사하는 바가 크다. 우선 회사 측에서 상속받은 사람의 사업 능력과 상관없이 아이디의 승계를 인정해주고, 그 사실을 회원 전체에게 알렸다는 점이 그렇다. 그리고 처음부터 사업에 참여하지 않은 스폰서의 남편을 스폰서의 사후에 새로운 스폰서로 받아들였다는 점이 또한 그렇다.

사망한 아내의 아이디를 이어받은 그가 숙련된 사업가로 성장하기 위해서는 아주 긴 시간이 필요할 것이다. 또 어쩌면 끝내 다단계판매에 적응하지 못하고 지금의 직급을 유지하면서 수당만 챙겨 가는 그다지 바람직하지 않은 상황이 벌어질수도 있다. 회사 측은 상황이 어떻게 전개되든 상속된 아이디에 대해 인위적으로 수정하는 일은 없을 것이라고 천명했다고 한다.

루안코리아라는 회사가 회원 자격의 승계에 대해 적극적으로 개입하는 장면을 보면서 이제 서서히 우리나라의 다단계판매업계에도 제대로 규칙을 적용하는 회사들이 나타나고 있다는 생각에 기분이 좋아진다. 루안코리아의 회원들은 자신이 잘 일궈놓은 터전을 안전하게 상속할 수 있는 기반을 마련한 것 같다.

회원 아이디와 수당의 상속이라는 것은 법으로 정해놓은 규칙이다. 그럼에도 불구하고 그 사례를 찾을 수 없었던 우리 업계의 풍토에서 루안코리아㈜가 공식

2 '홀로 성장'이 아닌 '동반 성장'을 꿈꾸다

적으로 상속을 인정하는 자리를 마련해 준 것은 지극히 고무적인 일이다.

우리나라의 다단계판매가 약 30년이라는 시간을 보내는 동안 수많은 업체들이 혜성과 같이 나타났다가 바람과 함께 사라져 갔다. 그 중에는 천문학적인 매출을 올리면서 세간에 화제가 된 업체도 있었고, 설립 1년을 넘기지 못하고 사라져 간 업체도 있다. 이들 기업 역시 상속을 약속했을 것이다.

이 사례로 미루어볼 때 진정한 상속이란 기업의 영속성을 확보할 때 비로소 가능해진다. 수많은 회원들이 모인 자리에서 상속을 승인하는 행사를 가진 것은, 장수 기업으로의 입지를 다질 수 있다는 자신감에서 비롯됐을 것이다.

루안코리아는 한국기업으로는 드물게 해외진출을 이루어냈으며 비교적 성공적으로 현지 시장에 안착하고 있는 모양이다. 지금도 한국의 많은 판매원들이 해외의 업체가 한국으로 들어오기를 손꼽아 기다리고 있는 현실을 감안한다면 루안코리아의 적극적인 해외시장 개척은 선구적이며 일종의 모험이라고 할 수 있다.

우리가 흔히 벤처기업이라고 할 때의 벤처라는 뜻은 모험을 두려워하지 않는다는 뜻이다. 루안코리아가 하나하나 새로운 길을 개척한다는 소식을 들으면서 진정한 벤처기업의 나갈 길을 발견한 기분이다.

(권영오 기자, 한국마케팅신문 2014년 9월 26일자)

글로벌로 향하는 성공의 파트너

루안코리아㈜를 설립하던 초창기부터 경영진은 국내 내수 시장에서 토종이자 신생 업체가 승부를 보기는 어려울 것이라고 판단하였다. 국내 시장은 이미 포화 상태이자 한계에 다다랐음을 직감했기 때문이다.

그래서 루안은 해외시장 진출을 일찍부터 가장 큰 비전으로 삼았다. 경영진은 사업 초창기에 타 업체의 글로벌 마케팅을 두루두루 벤치마킹하였다. 그리고 토종 네트워크 업체가 어떻게 해외에 진출하여 뿌리를 내릴 수 있을 것인지를 다각도로 연구 검토하였다.

그 결과 베트남, 태국, 멕시코 등 9개국에 지사나 지점이 세워지게 되었다. 2013년도에 태국 진출을 필두로 하여, 그 해 10월에 라오스, 11월에 미국과 캐나다, 해를 넘어 2014년 1월에는 베트남, 3월에 말레이시아, 5월에 일본, 7월에 멕시코에 진출하는 등 차근차근 해외 비전을 실현시키고 있다. 11월에 인도네시아 현지 법인 설립 예정이며, 장차 2016년까지 전 세계 40여 개국에 진출하려는 계획 하에 글로벌 사업자들이 활동 중이다.

현재 온라인상으로 22개국에 진출한 루안은 글로벌 사업자가 1만 5천 명에 이를 정도로 해외 비전을 실현하고 있다.

또한 단순히 해외에 나가 제품을 판매하는 것이 아니라, 철저한 현지화를 지향한다. 즉 현지의 특수한 문화와 현실에 맞는 마케팅 방식을 활용하고자 끊임없이 노력 중이다. 수익 창출만이 아니라 몽니스를 하나의 지구촌 문화로서 정착시키려는 것이다.

몽니스의 글로벌 진출 최신 뉴스

〈일본으로 진출한 몽니스 소식〉

한국의 화장품 MLM(Multi-Level Marketing) 회사인 루안코리아가 최근 일본 지사를 설립했다. 올인원 타입의 에센스 '몽니스'를 주력으로 바이너리형 방법으로 시장 개척을 노리고 있다. 루안코리아㈜의 박인천 대표에게 한국의 현황과 일본 진출의 미래를 물었다.

〈다음은 박인천 대표와의 일문일답〉

Q. 일본 MLM에 착수한 경위는?

A. 대단히 큰 파워를 가지고 있는 여성을 타깃으로 화장품을 하는 것이 비즈니스로서 바람직하다고 느꼈다.

Q. 주력 에센스의 특징은?

A. (몽니스는) 스킨, 로션, 아이크림, 나이트크림, 에센스 다섯 종류의

화장품을 하나로 정리함으로써 주름, 화이트닝, 피부 탄력 등에 효과가 있고 미스트 타입이므로 간편하게 쓸 수 있어 바쁜 아침 시간을 절약할 수 있다.

Q. 2013년의 매출이 전년에 비해 10배로 급성장했는데?

A. 한국에도 이러한 예는 좀처럼 없다. 올해에도 더 성장하고 있다. 회사와 회원의 강한 신뢰 관계, 높은 상품력이 매출로 연결되고 있다고 생각한다.

Q. 회원은 루안의 어떤 점에 매력을 느껴 이동해 오고 있다고 생각하는가?

A. 경영 방침과 제품력, 비즈니스를 오래 지속할 수 있을 거라는 신용, 수익이 되는 보상플랜이 루안의 매력이다.

Q. 루안의 플랜은 어떤 구조로 되어있는가?

A. 일반적인 바이너리형 플랜과 같이 매칭 보너스와 소개자 보너스가 있다. 또한 센터라는 제도가 있다. 일정한 금액 이상의 매출을 올린 회원은 센터를 설립하여 스스로 운영하는 가게에서도 제품을 판매할 수 있다. 가게의 매출PV의 5%를 회사에서 센터 비용으로 지원한다. 한국에서는 다른 회사에서도 볼 수 있는 일반적인 시스템이다.

Q. 일본에서는 35%의 제한이 없다. 계산상 어느 정도 지불하는가?

A. 루안만의 여러 프로모션을 적용하여 일본 회원에게 지불할 생각이다.

Q. 이후 1년간 어느 정도로 증가시키고 싶은가?

A. 무리하면서까지 크게 하기보다는 기분 좋게 일을 할 수 있는 환경을 만들어 안정적인 수입을 얻을 수 있게 하고 싶고 무엇보다 제품의 장점을 실감하게 하는 것이 바램이다. 일본인들이 어떤 MLM을 선호하는지에 대해 공부하여 좋은 내용을 습득하면 거기에 맞춰 진행할 생각이다. 또한 한국의 회원으로서 일본에 지인이 있는 분이 굉장히 많다. 그 연결로 상당히 많은 회원이 가입할 가능성도 있다.

Q. 한국 자본의 일본 진출은 별로 예가 없다. 진출을 결정한 이유는?

A. 일본의 MLM 시장은 한국보다 입지가 좋고 역사가 길다, 한국보다 안착되어 있다고 볼 수 있어 당사의 아시아 전개의 가속을 위해서는 꼭 일본의 MLM 시장 입점과 함께 장점을 공부하고 싶다.

Q. 일본 이외의 진출 정황은?

A. 정식으로 오픈한 나라는 아시아에서는 말레이시아, 필리핀, 라오스, 태국, 베트남 등 5개국이다. 베트남은 한 달 매출 3000~5000만 엔까

지 성장하였다. 미국, 캐나다, 멕시코에서도 사업을 진행하고 있다.

(일본 방판뉴스신문사 2014년 9월 11일 3면 게재, 번역 발췌)

〈필리핀의 방송 토크쇼에 소개된 몽니스〉

최근 필리핀의 대표적인 민영방송인 채널7 GMA의 'JOJOA' 토크쇼에 ㈜루안코리아의 몽니스가 소개되어 화제가 되었다.

이 방송에서는 몽니스의 놀라운 성능에 대해 인터뷰와 시연이 이루어졌다. 토크쇼의 진행자와 출연자가 몽니스 제품을 직접 시연하는 형식으로 진행되었다.

위 토크쇼의 제작자 겸 진행자, 그리고 출연진 중 닥터 제임스(필리핀 전국 성형외과, 피부과협회 부회장, 국제의사협회 회원), 리사 사장(필리핀 한인총연합회 부회장, 무역협회 임원)은 몽니스 사업자로 현지에서 활동 중이다.

_필리핀 GMA방송 'JoJoA'에
몽니스가 소개된 장면

연봉 10억 버는
뷰티 플래너 성공수업

Part 2

남녀와 연령, 경험이 그야말로 천차만별로
다양한 13인의 스토리를 통하여 누구나 인생을 바꿀 수 있고,
누구나 미래를 위해 새로운 사업에 도전할 수 있으며,
누구나 성공할 수 있다는 확신과 함께 열정만 있다면
성공할 수 있는 승리의 기적을 만나보자.

유연진
다이아몬드

평범한 가정주부였지만 IMF 이후 슈퍼마켓 운영 등에 연이어 실패하면서 극심한 생활고를 겪었다. 빚잔치로 인해 안 해본 일이 없을 정도로 눈물겨운 시절을 보냈다. 이제는 더 이상 일어설 힘이 없을 것 같은 인생의 나락 속에서도 주부로서 엄마로서 희망을 포기하지 않았고, 루안을 만나면서 비로소 인생역전을 이루었다. 이제는 희망의 전도사이자 글로벌 무대를 오가는 비즈니스 우먼으로서 왕성하게 활동하고 있다.

1 │ 후회하면 뭐 하겠노

빚 때문에 가족이 뿔뿔이 흩어져 살던 역경…
나락까지 떨어져본 자만이 정상에 오를 수 있다!

'이 빚만 없으면 얼마나 좋을까……. 가족이 함께 모여 살 수만 있으면 얼마나 좋을까……?'

온 가족이 오순도순 둘러앉아 마음 편하게 밥 한 끼 먹어보는 게 소원이던 시절이 있었다. 그 시절을 떠올리면 지금도 금세 코끝이 시큰해지고 눈시울이 붉어진다. 그리고 지금의 행복을 이루기까지의 시간이 꿈결 같이 느껴진다.

나는 단란한 가정의 아내이자 엄마로서 그저 아이를 잘 키우는 것이

유일한 목표였던 평범한 주부였다. 큰돈을 벌겠다는 욕심도 없었고 남에게 아쉬운 소리를 하며 살 이유도 없었다.

상상도 하지 못한 극심한 생활고가 우리 가족을 덮친 것은 남편과 함께 운영하던 슈퍼마켓이 부도가 나면서부터였다. 부산에서 배를 타는 선장이었던 남편은 늘 일 때문에 바다에 나가 있느라 가족과 떨어져 있어야 하는 것을 힘들어하였다. 고민 끝에 선장 일을 접는 대신 육지에서 부부가 함께 생계를 꾸려 나가기로 했다. 그리고 그동안 열심히 저축해 놓은 것을 투자하여 슈퍼마켓을 열었던 것이다.

그래도 규모 100평 정도나 되는 알찬 슈퍼마켓이었다. 동네 주민들의 사랑을 받고 손님들도 많았다. 이대로 열심히 일하기만 하면 우리 가족이 소박하게나마 얼마든지 잘 살 수 있을 줄 알았다.

그런데 바로 그때 IMF 외환위기가 닥치리라고 누가 알았겠는가! 게다가 엎친 데 덮친 격으로 하필이면 우리 슈퍼 근처에 대형 마트가 떡하니 들어설 줄은 미처 예상하지 못했다.

생계를 위해 처음 접하게 된 네트워크비즈니스
회사의 합리적 시스템이 중요하다는 걸 알게 돼

시기를 잘못 만나도 너무 잘못 만났다. 매출이 눈에 띄게 줄기 시작했고, 부도가 나기까지는 그리 오랜 시간이 걸리지 않았다. 순식간에 빚이 눈덩이처럼 불어나 감당할 수 없을 지경이 되었다.

살던 집에서 더 이상 살지 못하게 되고, 여기저기 차압 딱지가 붙고, 눈만 뜨면 초인종 소리가 울려대며 빚쟁이들의 빚 독촉이 이어지고……. 이런 고통이 어떤 것인지는 경험해보지 않은 사람은 상상도 하기 힘들 것이다. 그때의 경험으로 인하여, 당시 초등학생이던 아이들은 지금도 초인종 소리에 깜짝깜짝 놀랄 정도로 마음의 상처를 크게 입었다.

가족과 떨어져 지내기 싫어 육지의 삶을 선택했던 남편은 어쩔 수 없이 다시 배를 타러 나가야만 했다. 그나마 매달 월급은 들어오는 족족 차압당하는 형편이었다. 모든 것을 다 잃은 직후 몇 달 간 남편은 바다에 나가 있고, 나는 아이들을 데리고 시골에 가서 피신하며 지내느라 서로 생이별을 하기도 했다.

눈앞의 현실이 믿기지 않을 정도의 절망감에 눈물 흘리던 나날들…….

밑바닥까지 떨어지는 삶이 어떤 것인지를 그때 뼈저리게 경험했다. 겨우 다시 얻은 집은 월세 10만 원짜리 쪽방으로 화장실도 주민 공동의 공중화장실을 써야 하는 그야말로 달동네였다.

모든 것을 포기하고 싶던 좌절 속에서 그래도 우리 부부를 이 악물고 일어서게 한 것은 아이들이었다. 아이들을 위해서라면 못할 것이 뭐가 있을까! 남편은 바다에서 일하고, 나는 식당 주방 일, 서빙 아르바이트, 보험 영업 등 뭐든 닥치는 대로 일하며 생계를 위해 죽기 살기로 매달렸다.

그 무렵 달동네 이웃의 새댁으로부터 건강기능식품을 판매하는 한 네트워크마케팅 회사를 소개받게 되었다. 네트워크마케팅이 뭔지 잘 몰랐지만 벼랑 끝에 있던 내게는 일종의 돌파구와도 같은 기회였다. 밤에는 식당에 나가 일하고, 낮에는 회사에 나가 교육도 받고 세미나 듣고 하면서 네트워크비즈니스에 대해 난생 처음 배웠다.

누구나 열심히 하면 성공할 수 있지만
계속 일하려면 회사의 안정성이 가장 중요하다

간절히 원하면 이루어진다고 했던가! 지푸라기라도 잡는 심정으로 밤낮을 쉬지 않고 악착같이 매달렸더니 조금씩 빛이 보이기 시작했다. 네트워크사업을 시작하고 나서 1년이 지나자 빚을 갚아나갈 수 있게 되고, 상위 직급자로 승급하고, 2년이 지나자 달동네를 벗어나 달세에서 전세로, 세월이 지나 전세에서 다시 내 집 마련을 꿈꿀 수 있게 되고……

지금 생각해 보면 정말 눈에 뵈는 것이 없을 정도로 뛰어다니며 열심히 일했기에 가능한 일이었던 것 같다. 운 좋게 네트워크비즈니스라는 것을 알게 되어 삶의 밑바닥에서 한 걸음 발을 딛고 올라올 수 있는 첫 번째 계기였다.

그러나 그 당시 네트워크 회사 중에는 불안정한 조직을 가진 곳도 적지 않았다. 내가 일했던 회사도 비슷한 케이스였다. 수당 체제를 비롯한 조직 내부의 이런저런 문제들과 불안정한 제품성 등 여러 가지 요인으로 인해 결국 회사가 문을 닫는 지경에 이르렀다.

그 후에 경험한 화장품 회사 등 다른 네트워크 회사들도 상황이 크게 다르지 않았다. 회사들이 생겨났다가 사람들이 철새처럼 모여들고 그 후 길게 가지 못하고 문을 닫기까지 비슷한 과정을 거치는 것을 볼 수 있었다.

2000년도 초에는 아직 네트워크마케팅이 제대로 정착하지 못하고 있던 시기라서 흔히 말하는 '불법 피라미드' 같은 것들이 사회 문제가 되던 시절이었다. 또한 불법 회사가 아니더라도 경영 측면에서 정도를 벗어나게 되면 반드시 문제가 생겼다.

그런 일이 반복되자 나 역시 네트워크 마케터로 계속 일하는 것에 대해 차츰 회의감을 느끼기 시작했다. 생활고가 어느 정도 해결되고 숨통이 트일 수 있게 해준 일이 네트워크였던 건 사실이지만, 회사의 불안정한 모습들을 몇 번 경험하고 나니 점점 자신이 없어졌다.

'내가 이 일을 계속하는 것이 맞는 걸까? 이제는 다른 일로 새 출발을 해야 하는 게 아닐까?'

고민 끝에 사업은 이제 그만 하기로 하고 그동안 재기하기 위해 마련한 자금으로 이번엔 식당을 운영해보기로 하였다. 때마침 오리고기가 인기를 끌고 있어서, 이번엔 정말 잘해보자는 마음으로 오리고기 식당을 열었다.

하지만 식당 운영이라는 게 대개 그렇듯이 생각만큼 쉽지만은 않은 일이었다. 몸은 힘들고, 인건비는 많이 나가고……. 적자만 면하고 겨우 겨우 유지만 하는 정도에서 더 이상 나아가지를 못했다. 그러던 어느 날 이번엔 조류독감이 전국적으로 유행하면서 닭을 파는 집과 오리고기 식당마다 난리가 났고 우리 식당도 타격을 입게 되었다.

몽니스의 제품력만으로 단기간에 성장
'선택과 집중' 으로 노력했더니 마침내 길이 보여

네트워크사업의 경험을 어느 정도 쌓은 후라 어디서든 잘 할 수 있을 거라는 자신감은 있었다. 네트워크 업계의 흐름과 유통의 현실에 대해서도 어느 정도 눈을 뜨게 되었다. 또 비록 달변가는 아니지만 대한민국 아줌마답게 친화력 있는 성격을 가지고 있어서 누구를 만나든 편안하게 사람을 대할 자신도 있었다.

하지만 네트워크 회사가 갖춰야 할 합리적 운영과 정통성, 그리고 제품력 면에 있어서 완벽한 믿음을 준 곳은 별로 없었다. 네트워크 업계로 돌아와야 할 것인가, 다른 업종의 자영업을 모색해야 할 것인가?

이런 고민을 하고 있을 때 만난 곳이 바로 루안코리아이다. 다른 네트워크 회사에서 사업하고 있던 지인으로부터 어느 날 우연히 몽니스 화장품을 소개받았는데 처음 만난 몽니스는 그동안 내가 알고 있던 화장품에 대한 일반 상식을 넘어서는 독특함을 갖고 있는 제품이었다. 기능도 물론이지만, 무엇보다도 복잡한 과정을 거칠 필요 없이 딱 한 가지만 쓰면 된다는 간편함과 편리성!

루안이라는 회사를 선택하는 데 큰 고민이 없었던 이유는 바로 이 제품력 때문이다. 어떤 이들은 단일 제품만으로는 성공하기 어려울 거라며 고개를 젓기도 했지만, 나는 오히려 반대로 생각했다. 단일제품인 데다 제품력이 뛰어나기 때문에 오히려 집중할 수 있어서 승산이 있겠다고 말이다. 여러 제품을 다룰 필요 없이 에센스 한 병만 쓰면 되는 메리트가 있기 때문에, 고객에게 어필하고 전달하는 접근성이 용이하겠다는 생각이 들었다.

그때만 해도 회사가 초창기라서 불안정한 부분도 있었지만 제품력에 대한 신뢰와 확신이 서자 왠지 자신이 있었다. 마케팅보다도 제품력으로 승부할 수 있을 거라는 감이 왔다.

회사와 나의 비전이 일치함을 보고 놀라
국내 시장을 넘어 글로벌로 진출 중!

루안에 대해 확신을 갖게 한 또 한 가지 이유는 오너의 마인드였다. 많은 네트워크 회사들이 야심차게 문을 열었다가 사람들을 모으고 세팅을 한 지 얼마 안 되어 문을 닫는 모습들을 나는 여러 번 보아 왔다.

그걸 보면서 회사가 지속되기 위해서는 오너가 어떤 마인드를 갖고 있느냐가 제일 중요하다는 걸 알게 됐다. 제품력이 아무리 뛰어나고 사업자들이 아무리 발로 뛰며 노력한다 하더라도 경영진의 마인드가 부실하면 그 회사는 오래 가지 못하기 때문이다.

또한 국내 네트워크 시장에서 또 다른 대안은 없을까 하는 생각도 많이 했었다.

'이런 식으로라면 국내 시장에서는 더 이상은 포화 상태가 되어버린 것이 아닐까?'

그런데 마치 내가 가려워하고 있던 부분을 시원하게 긁어주기라도 하듯 루안의 오너가 첫 미팅에서 한 이야기가 바로 글로벌 시장 진출에 대한 비전이었다. 좁은 국내 시장만 마케팅의 대상으로 공략할 것이 아니라 돌파구를 해외 무대에서 찾는 사업이라면?!

'아! 이런 길이 있구나!' 하는 생각이 들었다. 루안은 글로벌 시장을 공략하기 위해 동남아시아와 미국, 남미까지 진출하는 계획을 세우고 있었고 실제로 지금까지 많은 파트너들이 해외로 나가 활동 중이다.

오너의 마인드, 합리적인 시스템, 유일무이한 제품력, 그리고 글로벌 시장으로의 진출. 루안은 내가 막연히 가지고 있던 네트워크에 대한 비전과 놀라울 정도로 일치하는 곳이라는 생각이 들었다.

'내 꿈과 똑같은 꿈을 가진 회사라면? 이번에야말로 도전해볼 만하다!'

이러한 신뢰가 생기고 나자 회사 초기의 불안정성은 곧 지나갈 것임을 알 수 있었다. 나는 무엇보다도 몽니스의 제품력으로 밀고 나가야겠다는 결심을 하고, 나처럼 몽니스에 반할 수 있을 만한 평범한 이웃 사람들과 지인들을 대상으로 적극적으로 리크루팅 활동을 펼쳤다. 기존의 타 네트워크 회사에서 일하던 때의 고정관념을 벗어버리고 '선택과 집중'의 전략을 택했다. 실제로 6개월쯤 지나자 정말로 길이 보이기 시작했다.

힘든 어린 시절로 상처받았을 내 아이들에게
주저앉지 않는 든든함으로 보상해주고파

루안을 만난 지 불과 2년 만에 사업이 자리를 잡고 현재의 직급에 오르게 되면서 이제는 과거의 힘든 기억들을 모두 잊고 활기찬 나날을 보내고 있다. 남편은 여전히 해운회사에 종사 중이지만 아내인 내가 더 큰 수입으로 아이들 유학도 보내며 우리 가족의 든든한 버팀목 역할을 하고 있어 뿌듯하다. 화장실도 없는 쪽방에서 우리 네 식구가 모여 밥 한 끼라도 제대로 먹는 게 소원이었던 역경의 시절이 이제는 꿈만 같다.

못난 부모 때문에 힘든 어린 시절을 보내고 상처도 많이 받았을 우리 아이들이 밝고 건강하게 성장해준 것만으로도 얼마나 고맙고 미안한지 모른다. 부모로서, 엄마로서, 두 아이들에게 경제적으로나 심리적으로나 보상해주고 싶은 마음이 간절하다. 엄마가 다단계를 한다는 것에 대해 편견은커녕 오히려 지지해주고 네트워크마케팅에 대해 충분히 이해하며 협력자 역할을 해주고 있는 것도 그저 고마울 뿐이다.

이런 가족들의 격려가 내게 큰 힘이 되어주고 있다. 그래서 나는 지금에 만족하지 않고 앞날에 대한 새로운 꿈들을 늘 갖고 있다.

현실이 아무리 어려워도 나는 항상 꿈이 있었다. 그 꿈들은 거창한 게 아니었다. 가까운 꿈, 소박한 꿈을 조금씩 이루는 게 목표였다. 달세에서 전세로 가고 싶은 꿈, 전세에서 내 집 마련을 하고 싶은 꿈처럼, 지금의 처지에서 열심히 노력해서 이룰 수 있는 작은 꿈들이 하나씩 모여 앞날에 대한 목표가 되었다. 그걸 하나씩 실현시키면서 역경을 극복할 수 있었다.

지금 내가 꾸고 있는 다음과 같은 꿈들도 어쩌면 대단한 게 아닐지도 모른다.

첫째, 나의 두 아이들에게 언제까지나 든든한 버팀목 역할을 하는 엄마가 되고 싶다. 어린 시절에 받았을 상처들을 두 번 다시 겪지 않게 해주고 싶다.

둘째, 함께하는 파트너들의 삶의 질이 달라지게끔 도와주고 싶다.

나는 경제적으로 바닥까지 가 봤던 사람이다. 바닥까지 갔다가 얼마든지 일어설 수 있음을 증명해 보였다. 그래서 나의 파트너들이 지금은 경제적으로 어려움을 겪고 있다 하더라도 조금만 노력하면 얼마든지 행복해질 수 있다는 믿음을 주고 그 꿈이 실현되도록 도와주고 싶다.

셋째, 글로벌 무대에서 더욱 활발하게 활동하고 싶다.

나는 부산의 지사에서 일하면서 베트남과 일본 등 동남아시아를 내 집처럼 들락거리며 그 어느 때보다도 바쁜 나날을 보내고 있다. 베트남에도 벌써 파트너들이 하루가 다르게 늘어나고 있고 일본에서도 사업을 확장 중이다. 루안의 글로벌 비전에 대해 공감했던 것을 몸소 실현시키고 있는데, 앞으로 해외에 더 많은 파트너들을 양성하고자 한다. 피부색이 다르고 인종이 다른 사람들과 동반자가 되고 그들이 자신의 꿈을 실현할 수 있도록 돕기 위해 열심히 달리고 싶다.

넷째, 장차 농촌에 실버타운을 세우고 싶다.

나의 친정 부모님과 시부모님들은 어려운 시절에 모두 세상을 떠나셨다. 그래서인지 우연히 만나는 이웃 어르신 한 분 한 분에게도 항상 애틋한 마음을 갖고 있었다. 언젠가는 내 부모와도 같은 분들을 힘닿는 데까지 도와드리고 싶다. 힘들고 외로운 독거노인들을 돌보며 인생을 마무리할 수 있다면 그보다 보람찬 일도 없을 것이다.

인생의 나락에서 최초의 동아줄 같은 역할을 해준 것이 네트워크와의 만남이었다면, 몽니스와의 만남은 내 삶에서 네트워크비즈니스의 꽃을 피울 수 있게 해준 결정적인 계기가 되었다. 내가 피운 그 꽃을 더 많은 곳에, 더 많은 사람들을 위해 아름답게 피워 올리고 싶다.

네트워크마케팅에 대한 흔한 오해와 진실은?

1. 네트워크마케팅 경험이 많은 사람들만 상위 직급에 오를 수 있다? → 물론 네트워크 경험이 있는 사람도 자신의 경험의 힘에 의해 더 크게 발전할 수 있을 것이다. 그런데 루안코리아는 기존의 타 네트워크 회사에 비해 네트워크 유경험자보다 무경험자가 더 많이 활동하고 있다는 점이 특징이다. 네트워크를 처음 경험하는 사람이라 하더라도 회사의 시스템만 충분히 이해하고 활동한다면 얼마든지 능력을 펼치고 상위 직급자가 될 수 있다.

2. 네트워크마케터는 말 한 마디로 상대방을 휘어잡을 수 있는 달변가여야 한다? → 평범한 가정주부였던 나는 달변가와는 거리가 멀었다. 공부를 많이 한 사람도 아니고 전문가도 아니어서 처음엔 화장품 지식을 많이 알고 있지도 못했다. 하지만 사람에게 다가가는 것은 말 잘 하는 능력이 아니라 진심과 열정이 더 중요했다. 평범한 아줌마다운 친화력만 있어도 얼마든지 사업을 잘 할 수 있다.

3. 네트워크사업을 잘하려면 제품을 많이 팔기만 하면 된다? → 판매량보다 더 중요한 것은 상대방을 지속적인 소비자로 만드는 일이다. 루안이 추구하는 것은 물건 강매나 다량 판매가 아니라 소비자 구축이다. 이것이 모든 네트워크비즈니스의 본질이라는 걸 깨달아야 한다. 자신만의 장기적인 비전이 없다면, 아무리 다량판매를 하여 '판매의 귀재'로 불리며 세일즈 자체를 잘하더라도 네트워크사업은 오래 하기 어렵다.

정동회
더블 다이아몬드

　평생을 철도공무원으로 일하다 은퇴한 후 이제는 인생의 황혼기를 맞이한 것이라 생각했다. 그러나 우연히 몽니스 제품을 만나 아내와 나의 피부가 달라지는 것을 경험하였고 루안을 통해 인생의 황혼기가 아니라 오히려 인생 2막을 새로 열게 되었다. 올해 77세로 루안의 최고령 직급자이지만 젊은이들 못지않게 왕성하게 사업을 펼치며 도전하는 삶을 실천하고 있다.

2 | 은퇴 후 인생 2막을 열다

'노인네가 다단계를 한다고?'
내 삶의 황혼기는 아직 오지 않았다

철도공무원으로 35년을 근무하고 은퇴 후 우연히 몽니스를 만났다.

은퇴하고 나서 자영업으로 대형 사우나를 한 15년 운영하고 있었는데 점점 경기가 좋지 않은 것이 피부로 느껴질 만큼 심각하고 매출이 예전 같지 않았다. 견디지 못하고 문을 닫는 곳도 적지 않았다. 앞으로 이 사업을 계속 하는 것이 옳은 일인가에 대한 회의감이 강하게 들던 무렵이었다.

그때 우리 목욕탕의 오랜 단골 고객 한 분과 이야기를 나누던 중 웬 화장품을 하나 소개 받았다. 얼굴에 뿌리기만 하면 피부가 팽팽해지고 젊어진다는 것이 아닌가? 나는 남자이고 노인이니 화장품이 좋아 봐야 얼마나 좋겠느냐며 웃어넘기고, 집에 와서 집사람에게 건네주고 말았다.

그런데 딱 1주일 후 정말로 신기한 일이 일어났다. 집사람의 얼굴이 내가 보기에도 몰라보게 달라지는 것이 아닌가! 나이가 나이이니 만큼 그동안 좋다는 화장품도 써볼 만큼 써봤었다. 그러나 아무리 남들이 좋다고 하는 화장품도 바르고 나면 그만이라고, 그냥 이름값이 아닌가 했다.

그런데 몽니스를 쓰고 나서 1주일이 지나 아내의 눈가와 눈꺼풀의 잔주름이 눈에 띌 정도로 줄어든 것을 발견할 수 있었다. 그리고 아내가 평소에 염증으로 인해 항상 눈이 불편하고 눈꺼풀이 무겁고 아침에 일어나면 피부도 따가워했는데 이런 증상도 완화되어 한결 가벼워졌다는 것이다.

얼마 되지 않아 아내는 전보다 훨씬 팽팽해지고 밝아진 얼굴로 몽니스의 열혈 애호가가 되어 틈만 나면 입에 침이 마르도록 칭찬을 하는 것이었다.

아내의 모습을 본 나는 이 제품을 만든 회사가 어떤 곳인가에 대해 궁금해졌다. 그래서 제품을 내게 소개해준, 얼마 후 내 스폰서가 될 그 분에게 연락했다.

"루안코리아? 여기가 어떤 회사요? 한 번 제대로 알아보고 싶소."

평생 도전하는 정신으로 살아온 삶
루안을 만나고 나서 정점에 달해

내 또래의 노인들이나 은퇴자들과 달리 나는 나이를 먹었다고 하여 소일거리나 하며 여생을 보내고 싶은 마음이 없었다. 정년퇴직하기 전에도 공무원이라 하여 주어진 일에만 만족하며 안주하고 싶지 않았다.

평생을 몸담아 헌신한 직장이었지만 단칸방에서 시작해 공무원 박봉으로 자식들 사남매를 키워내고 남부럽지 않게 공부 시키기란 어려운 현실임을 일찌감치 알아차렸다. 그래서 항상 경제에 대해 공부하고 부동산에도 관심을 갖고 은퇴 후의 노후를 어떻게 보낼 것인가에 대해서도 늘 염려하였다. 퇴근하고 나서는 틈틈이 경제서적을 읽고 신문도 들여다보며 세상 물정에 귀를 기울이려 하였다.

네트워크마케팅에 대해 눈을 뜨게 된 것도 루안코리아를 알기 훨씬 전부터였다. 관련 책들을 두루 읽어보고 조사해보니 제대로 된 네트워크비즈니스라는 것은 우리나라 사람들 인식 속의 '불법 피라미드'와는 구분되는 것임을 알 수 있었다. 그래서 늘 관심을 갖고 염두에 두었다.

그렇기 때문에 루안코리아라는 회사부터 먼저 제대로 알아보자고 생각했던 것이다. 주변에서 불법 다단계 피해 사례도 들을 만큼 들었으니 쉽게 결정할 일이 절대 아니었기 때문이다.

우선 서울로 올라와 본사에 가서 강의도 수차례 들어보고, 어떤 회사인지, 그리고 사업하는 사람들은 어떤 사람들인지, 오너와 경영진은 어떤 사람들인지 면밀히 알아보았다. 한 달 동안 내 집 드나들 듯 본사를 드나들었다.

비록 네트워크사업을 경험해본 적은 없었지만, 자영업이기는 해도 지방에서 사업체를 경영하는 입장이다 보니 회사의 대표가 어떤 생각을 갖고 있는가에 대해서도 중요시했다. 내가 보기에 루안의 오너는 젊지만 신뢰가 가고 마인드가 혁신적이었다. 마침내 한 달 후 결정을 내릴 수 있었다. 이 회사라면 내가 한 번 도전해 보아도 괜찮겠다고.

그리하여 내가 사는 익산에 센터를 내어 센터장으로서 운영을 하며 사업을 시작하게 된 것이다.

젊어서부터 네트워크마케팅에 대해 독학
선진국의 긴 역사를 가진 좋은 사업이라 판단

70대 중반의 나이에 네트워크비즈니스에 처음 도전했다고는 하지만 사실은 내 나름대로 오래 전부터 차근차근 준비해온 것이 실현된 것이다.

그저 돈 많이 벌 수 있게 해준대서 아무 것도 모르고 선뜻 시작한 것도 아니고, 흔히들 오해하는 것처럼 나이 많은 할아버지가 자기 가진 돈을 베팅해서 일확천금을 노리겠다고 달려든 것도 더더욱 아니다.

나는 네트워크마케팅이란 무엇인지에 대해 젊어서부터 개인적으로 관심을 갖고 공부도 꾸준히 하고 국내 동향을 지켜보고 있었다.

그러나 이걸 알지 못하는 주변 사람들은 내 결정을 처음에는 잘 이해하지 못하였다.

"아니, 목욕탕 사장님이 뭐가 아쉬워서 그 나이에 다단계를 해요?"

이렇게 대놓고 비아냥거리는 사람들도 있었다.

가족들도 다르지 않았다. 심지어 몽니스 칭찬을 하던 집사람조차도 정작 내가 사업을 하겠다고 하자 걱정부터 하였다.

자식들도 아버지가 혹시 피해라도 입거나 상처라도 입을까 염려가 많았다.

"이제는 좀 쉬시면서 어머니와 여행이나 다니시지요."

정 하시겠다면 혹시 잘못될지 모르니 투자는 크게 하지 마시라며 마음을 놓지 못했다.

옛 직장 동료들과 지역의 친구들이 다단계에 대한 안 좋은 이야기들을 꺼내며 다들 말릴 때면 나 역시 마음이 편치는 않았다. 앞으로 살면 얼마나 산다고 남들로부터 부정적인 소리를 들으며 여생을 보내고 싶겠는가?

하지만 내가 굳이 결심한 것은 단순한 고집 때문은 아니었다. 나는 네트워크비즈니스라는 것을 매우 긍정적인 사업이라고 판단하였다. 책을 읽어 원리를 알고 선진국의 역사를 알아보니 정석대로만 하면 개인뿐 아니라 국가 경제에도 좋은 영향을 끼치고 글로벌로 나간다면 외화 획득에도 큰 몫을 할 수 있는 분야로 보였다.

무엇보다도 회사에 대한 확신이 컸다. 제품력, 경영진의 마인드, 초보 사업자들도 수입이 될 수 있도록 해주는 시스템, 그리고 수많은 파트너들의 열정이 지금까지 변함없는 확신을 주고 있다. 내가 인덕이 있었는지 몰라도 참 좋은 회사, 참 좋은 사람들을 만난 것이라고 생각한다.

걱정하고 염려하던 가족과 친구들
젊고 활력 있게 사는 내 모습 부러워해

약 2년이 지난 지금 나는 상위 직급자가 되었다.

그 사이 회사는 토종 네트워크 업계에서 돌풍을 일으킬 정도로 급성장하였다. 사우나 운영은 막내아들에게 완전히 맡긴 후, 나는 비록 젊은 사람들 같은 기동력은 조금 떨어질지 몰라도 많은 파트너들을 만나며 내 인생의 전성기 같은 시절을 보내고 있다. 나를 염려했던 집사람과 자식들도 이제는 내 수입이 안정되고 사업이 확장되는 것을 보며 맨 처음의 염려가 기우였음을 알고 마음을 놓기 시작했다.

몽니스를 꾸준히 쓴 이후로 사람들은 77세인 내 얼굴을 때로는 10살, 많게는 15살까지 젊게 보며 내 실제 나이를 들으면 깜짝 놀라곤 한다.

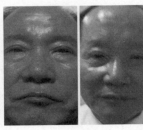

_몽니스 사용 전과 후

아쉬운 것 없는 사람이 왜 다단계를 하느냐며 뭐라 하던 친구들이 젊게 사는 내 모습을 보고, 그리고 모임 때 두 말없이 밥값을 내는 나를 보고 이제 더 이상 뭐라 하지 않는다.

겉으로 보이는 모습보다 더 중요한 것은 나의 마음이 더 활기차고 젊어졌다는 사실이다.

고소득의 수입을 안정적으로 버는 것보다 즐거운 것은 반평생 함께 해온 친구들과 지인들을 위해 밥 한 끼를 사더라도 마음 편히 지갑을 열 수 있다는 기쁨일 터이다. 나이 들어서 사람들에게 베풀 수 있다는 것만한 보람과 행복이 또 어디 있겠는가? 또 우리 나이쯤 되면 은퇴 후 아직 일할 수 있는 능력과 열정이 있음에도 재취업은커녕 '뒷방 늙은이' 취급을 하는 것이 우리 사회의 모습이다. 공무원으로 평생을 일해 온 나의 경우 은퇴 후 연금이 매달 어느 정도 나오는데, 평생 자신의 박봉에 안주하다가 은퇴하고 나서는 다달이 나오는 연금에 안주하며 더 이상 새로운 도전을 할 의욕을 가져보지 못한 채 여생을 보내는 사람들이 많다. 하지만 나는 젊었을 때보다 더 열정적으로, 젊은이들보다 더 활력 있게 활동하고 있다. 오히려 사업을 하기 전보다 건강도 더 좋아졌다. 요즘도 매일 틈만 나면 헬스장에서 운동을 할 정도로 건강관리도 소홀하지 않게 하고 있다. 날마다 너무나 바쁘게 활동하다 보니 집사람은 나더러 '몽니스에 미쳤다'며 혀를 찰 때도 있다. 그러나 루안을 만남으로써 나는 돈 벌 기회를 얻은 것이 아니라 돈으로도 얻을 수 없는 활력과 젊음, 건강을 얻었다. 그래서 주변 사람들에게 이런 이야기를 하곤 한다. 내가 30년 전에 루안코리아 같은 회사를 만났더라면 지금보다 더 정력적으로 활동했을 거라고. 나 같은 노인네도 이렇게 활동해서 여기까지 올 수 있는 시스템이 있는데 당신들 같은 젊은 사람들이라면 못할 게 뭐가 있느냐고.

은퇴는 삶의 종착역이 아니라 절호의 기회
60세부터 3년만 노력해도 노후의 질이 달라진다

이제 한국 사회도 명실상부한 고령화 사회가 되어가고 있다. 사람들의 평균 수명이 길어져 백세 시대가 되고 있다. 정년퇴직을 60세 전후에 한다고 해도 아직 삶의 종착역이라고 하기에는 시간이 한참 남았을 것이다.

더구나 이제는 공무원 등 일부 직종을 제외하고는 은퇴 연령도 내려가고 평생직장의 개념도 점차 사라지고 있는 추세이다. 누구나 은퇴 후의 삶을 위해, 혹은 첫 직업 다음의 또 다른 무대를 열어줄 인생 2막을 위해 미리미리 준비해야 할 것이다.

퇴직을 했다고 하여, 혹은 기존의 직장이나 사업을 접게 되었다고 하여 실망하고 주저앉을 것인가?

아니면 자신의 잠재적인 능력을 발휘하게 해줄 새로운 비전을 향해 도전할 것인가?

네트워크비즈니스는 젊은 사람들이 하기에도 좋겠지만 중년이나 노년층, 퇴직자들이 하기에도 더 없이 적합한 사업이다. 다른 분야의 사회 경험과 연륜이 있는 사람일수록 오히려 더 능력을 발휘할 수 있다.

네트워크 경험이 전무 하더라도 누구나 도전할 수 있고, 좋은 시스템을 가진 회사를 선택한다면 오로지 시스템에 의해 단기간에 안정적인 궤도에 오를 수 있다. 회사 경영진들이 네트워크비즈니스의 정석대로만 해 나간다면 성공의 '네트'를 탄탄하게 만들 수 있다. 소자본 무점포로 시작할 수 있는 일 중에 이보다 더 합리적이고 안정적인 분야도 없을 것이다.

정년퇴직을 60세에 했다 하더라도 열정과 도전정신으로 2~3년만 노력하면 노후의 삶의 질이 달라진다고 할 수 있다. 어느 정도 궤도에 오르고 나면 시간적인 여유가 많아지는 것도 장점이다. 경제적으로, 시간적으로 노후에 큰 자유를 얻게 되는 셈이다.

나이 들어서 활동을 계속 하고 싶어도 기회를 여간해서는 잘 주지 않는 우리 사회에서 나는 운 좋게도 절호의 기회를 얻은 것일지도 모른다.

더 나은 미래를 꿈꾸며 살아온 한 평생
앞으로 장학재단 만들어 젊은 세대에 환원하고파

젊은이들보다 조금 더 살아온 한 사람으로서 감히 이야기하자면 인생은 생각보다 길다는 것이다.

35년이라는 세월 동안 공무원으로 성실하게 살아왔지만 내 나이 칠십도 훨씬 더 넘어 지금의 일을 하며 그 어느 때보다도 활동적으로 살게 되리라고는 상상도 하지 못하였다.

돌이켜 보면 나는 늘 도전하고 꿈을 크게 꾸는 삶을 살았다. 부여의 농촌에서 9남매의 다섯째로 태어나 배고픈 어린 시절을 보냈고, 상경해서는 낮에는 공장에 다니고 밤에 공부하며 고학으로 학업을 영위하였다.

생활고로 인하여 하고 싶은 공부를 하지 못하게 되었을 때는 큰 좌절감과 철없는 객기에 한강변을 헤매고 다니다 다리 위에서 강물을 내려다보며 잠시나마 나쁜 마음을 먹은 날도 있었다. 그때 내 목숨을 구해주신 아버지뻘 되는 경찰관 어르신의 말씀 한 마디를 평생 잊지 못하였다. '죽는 것은 오히려 쉽다' 고. 한 번 태어난 인생, 하는 데 까지 열심히 살아보고 기왕이면 성공도 해보고 죽어야 하지 않겠는가?

그 후 어려운 시절, 배고픈 시절을 거치며 고생도 말도 못하게 많이 해보았다. 제대 후 취직해 기찻길에서 등짐 지는 막노동부터 시작했고, 결혼 후에는 단칸방에서 토끼 같은 자식들 넷을 키워내면서 동생들 뒷바라지도 해야 했다.

그러나 그 어렵던 시절에도 꿈만은 누구보다도 컸다. 서울 시내의 으리으리한 건물들과 화려한 백화점 건물 옆을 지나가면서도 '나중에 돈 많이 벌어서 저런 건물을 사야지' 라는 꿈을 꾸곤 했었다. 그 당시에는 허황된 꿈이었을지도 모른다. 그러나 그 후 세월이 지나자 예전에 꿈꾼 것처럼 정말로 건물도 갖게 되었고 적지 않은 규모의 개인사업도 하게 되었고 이제는 또 다른 새로운 분야에 도전한 끝에 남보다 젊고 정력적인 나날을 보내고 있다.

앞으로 바램이 있다면 장학재단을 만들어 형편이 어려운 젊은이들을 돕고자 하는 것이다. 이미 여러 군데 봉사활동을 하고 있으나, 내 힘닿는 데까지 좀 더 노력하여 내가 받은 만큼 새로운 세대에 환원코자 하는 꿈을 가지고 있다.

안 된다고 하기 전에 한 우물을 파라
그리고 꿈과 열정으로 밀고 나가라

익산에서 센터를 운영하는 그룹장으로서 가장 중시하는 것 중 하나는 바로 교육사업이다. 네트워크의 본질은 교육이다. 우리 그룹 내에서도 챌린저 스쿨, 석세스 스쿨, 다이아몬드 사관학교 등 다양한 교육시스템을 운영하며 새로운 파트너들을 육성하고 있다.

네트워크는 노력한 만큼 성과를 얻을 수 있는 정직한 사업이자 좋은 인성을 가진 사람들끼리의 인간관계에 의해 발전하는 사업이다. 나는 공직생활을 하던 시절에도 '월급 받은 만큼은 일해야 할 것 아닌가'라는 사고방식을 가지고 다소 고지식하다는 소리를 들을 정도로 내 직무에 충실하기 위해 항상 노력하였다. 그런데 그동안 경험한 바에

의하면 네트워크마케팅이야말로 열심히 하는 만큼 얻어가는 일이라고 생각한다.

스폰서가 알아서 모든 걸 다 해주는 것도 아니며, 중도포기하거나 노력하지 않는 자에게 아무 근거 없는 이익을 주지도 않는다. 반면 비전과 신념이 확고한 사람, 꾸준한 사람, 열심히 뛰는 사람이라면 가능성이 무궁무진하다.

그래서 나는 '한 우물을 파라'는 이야기를 자주 한다. 땅을 얼마 파보지도 않고 물이 안 나온다고 금세 다른 곳으로 가는 사람보다는, 확신을 갖고 우직하게 한 우물을 파는 사람들이 성공하는 것을 보아왔다.

해보기도 전에 불평불만만 터뜨리는 사람들, 노력하기 전에 이것저것 핑계만 대기 바쁜 사람들보다는 회사 시스템에 온전히 들어가 열정을 발휘하는 사람들은 예외 없이 성공의 반열에 오른다. 아울러 자신이 스폰서의 위치에 있다면 마치 부모가 자식을 키우듯이 파트너들을 품고 육성해야 하며, 파트너들은 부모의 가르침을 믿듯이 스폰서에게 믿음을 갖고 따라가려는 마음가짐과 노력이 필요하다.

누구나 자기 인생의 2막을 화려하게 열 수 있다. 현재에 안주하지 않으려는 마음과 긍정적인 사고방식만 가지고 있다면 불가능한 것은 아무것도 없다.

은퇴자가 네트워크비즈니스를 하면
좋은 이유는 여기에 있다

- 사람들을 만나며 사업을 전달하고 인생의 노하우와 연륜을 전달하며 활기찬 노후를 보낼 수 있다.

- 퇴직 후에도 아직 충분히 남아 있는 에너지와 열정, 그리고 자기만의 능력을 발휘할 수 있다.

- 백세시대에 길어진 수명 중 아직 한참 남은 50~60세부터의 인생에서 자신의 가능성을 시험하고 꿈을 실현할 수 있다.

- 젊은 연령대의 사업자에 비해 인생 경험이 풍부하고 타 업종에서 종사한 다양한 연륜이 있으므로 더욱 유연하고 능숙하게 사업을 진행할 수 있다.

- 은퇴 시점의 자금과 재산을 활용할 수 있으므로 젊은 연령대 혹은 생계형 사업자에 비해 여유롭게 사업을 시작할 수 있다.

- 노후에 전문성을 살리며 재취업하기 어려운 우리나라의 현실 속에서 네트워크비즈니스는 나이가 많아도 전문직으로 일할 수 있는 분야이다.

- 초반 2~3년을 지나면 훨씬 더 시간적 여유를 누릴 수 있고, 연금과는 비교도 안 되는 수준의 금전적 수입을 확보하며 일할 수 있다.

- 네트워크비즈니스 경험이 처음이더라도 회사의 시스템에 의해 안정 궤도에 오를 수 있다.

_사업설명회를 하는
정동회 사장

박경애
다이아몬드

　전업주부와 미용실 운영, 화장품 방판을 거쳐 정말 제대로 된 정통 네트워크 회사에서 일하고 싶어 찾아 헤매던 중 루안을 만났다. 몽니스의 제품력, 그리고 약속을 꼭 실현시키는 오너의 마인드를 믿고 마치 물 만난 물고기처럼 전국을 누비며 신나는 삶을 살고 있다. 국내뿐만 아니라 해외를 무대 삼아 활약하며 여장부 같은 통 큰 배포를 실현시키고 싶다.

3 | 내 삶의 최고 희망
몽니스 사업에 올인

타고난 친화력과 활달한 성격의 미용실 원장,
화장품 방판으로 풍부한 인생 경험을 쌓다

결혼 후 전업주부로 살림만 하던 중 미용실을 차려 20년 넘게 운영했다. 요즘엔 동네 미용실 운영이 쉽지 않다고들 하지만 내가 운영했던 미용실은 항상 손님들이 줄을 설 정도로 북적거렸다. 단골손님도 많았고, 동네 아줌마들의 사랑방처럼 항상 웃음소리와 이야기꽃이 넘쳐났다.

나는 젊었을 때부터 성격도 활달했고 사람 만나는 것을 좋아했다. 하지만 미용실 일이라는 게 몸을 혹사시키는 일이다 보니 나도 모르는 사이에 건강이 많이 상했다. 하루 종일 서 있어야 하고, 손님이 많을 때는 제때 끼니를 때우지도 못했다.

그래서인지 몸이 더 이상 견디지 못하게 되었다. 갑상선 항진증이 심해지면서 이대로 계속 무리하면 큰일 날 것 같아서 하는 수 없이 미용실을 접고 집에 들어앉아 한동안 건강 회복에만 신경 썼다.

하지만 몸이 어느 정도 회복되고 나자 집에 가만히 있는 게 좀이 쑤시기 시작했다. 활기차게 뛰어다니며 사람을 만나며 내 능력을 펼치는 일을 간절히 하고 싶었다. 미용 업종에 종사한 여성적인 안목도 살리고 사람을 상대로 하는 친화력도 발휘할 수 있는 일을 찾던 중 한 화장품 회사의 방문 판매원으로 일하게 되었다.

더 나은 미래와 안정적인 수입을 위해서
정통 네트워크 시스템을 가진 회사를 찾다

다행히 화장품 방판은 일 자체의 성격이 내 적성에 잘 맞았다. 최선을 다해 열심히 일하다 보니 실적도 금방 올라갔고 몇 년 만에 최고 직급에까지 오를 수 있게 되었다. 월수입도 크게 올랐다. 그 회사에서 한 7년간 일하는 동안 무엇보다도 화장품에 대한 지식과 감각이 키워져서 큰 도움이 되었다.

그러나 7년여를 일하다 보니 어느 순간부터 정체기가 오기 시작했다. 무엇보다도 방문판매법이 개정되면서 회사의 상황이 바뀌기 시작했다.

그냥 제품만 좋고 판매원이 노력하기만 하면 회사가 저절로 잘 되는 줄 알았는데 그게 다가 아니었다. 방판법도 바뀌고 유통의 트렌드도 달라지는 것을 보면서, 나는 제대로 등록된 정통 회사가 아닌 한 더 이상의 미래는 불투명할 거라는 걸 깨달았다.

떠날 때가 되었다고 결심하고 회사를 그만둔 후, 한 여섯 달 동안을 방황했다. 수많은 회사 중 정통적인 네트워크 시스템을 갖춘 좋은 회사, 내가 정말 오랫동안 믿고 일할 수 있는 회사를 찾고 싶었다.

그러던 중 만나게 된 것이 바로 몽니스제품이다.

방판과 비슷한 듯 많이 다른 네트워크마케팅
초심으로 돌아가 새 출발하는 마음으로 배워

방문판매는 수 년 간 경험했지만 네트워크마케팅이 정확히 무엇인지에 대해서는 잘 알지 못했었다. 거의 문외한이나 마찬가지였다.

특이하게도 내 경우엔 나를 회사와 연결해주는 스폰서를 통해 일을 시작한 게 아니었다. 아직 사람들에게 잘 알려져 있지 않았던 몽니스라는 화장품을 먼저 만났고, 특정 스폰서가 아닌 루안의 오너를 먼저 만나 이야기를 듣고 어떤 마인드를 가졌는지를 알아봤다.

지금은 몽니스 화장품뿐만 아니라 여러 가지 아이템들이 루안에서 판매되고 있지만, 초창기의 루안에는 뿌리는 에센스 제품 딱 하나밖에 없었다. 게다가 맨 처음에는 '메이드 인 코리아'가 아닌 중국에서 들어온 제품인 줄로 알고 접했다. 그래서인지 막상 제품을 써보기 전까지는 웬 중국 화장품인가 하고 선뜻 믿음이 안 갔었다.

심지어 나를 알던 지인들 중에는 몽니스에 대해 잘 알지도 못한 상태에서 서슴지 않고 험담을 하기도 했다. 중국산 물건으로 보따리 장사를 한다며 자기들끼리 왜곡된 소문을 퍼트리기도 하였다.

몽니스의 제품력과 회사 시스템을 신뢰
초창기부터 회사가 든든한 지원군이 되어주다

하지만 나도 화장품 하면 웬만큼 볼 줄 아는 안목이 있는 사람이다. 화장품 회사의 경험이 헛된 게 아니어서, 척 보기만 해도 좋은 제품인지 아닌지, 성능이 어떤지, 소비자들에게 어떻게 어필해야 할지 대충 파악할 수 있었다. 사용한 사람의 얼굴만 봐도 이 제품의 성능이 정말 좋은지 아닌지, 구성 성분을 믿을 만한지 아닌지 감이 왔다.

그런 점에서 몽니스는 기존의 상식을 깨트리는 제품이었다. 성능 면에서도 타의 추종을 불허했다. 가장 놀랐던 건 스킨이며 크림이며 다른 과정이 전혀 없이 그냥 뿌리는 걸로 모든 게 해결되는 딱 하나의 아이템이라는 사실이었다.

내가 믿은 건 몽니스 자체의 이러한 제품력, 그리고 오너의 마인드와 사람됨, 오직 이 두 가지뿐이었다.

워낙 초창기에 루안을 만났기 때문에, 처음 문을 연 회사로서 미흡해 보이는 부분도 없지 않았다. 그럼에도 불구하고 시간이 지남에 따라 더욱 회사를 믿을 수 있었던 건, 어떠한 이야기를 하더라도 회사 측에서 경청을 해주고, 요구사항을 들어주고, 시간이 걸리더라도 한 번 한 약속은 반드시 지켜주고, 파트너들에게 든든한 지원군이 되어주는 태도를 쭉 유지했기 때문이다.

또한 방판만 해보다가 정통 네트워크를 경험해보니 수당 체제라든가 승급 시스템 같은 것들이 확실히 다르다는 것을 알고 놀랐다. 쉽게 말해 예전에 경험한 타 회사에서는 파트너와 직급이 동급이 되면 수당이 나눠지는 구조였다면, 정통 네트워크 시스템을 고수하는 루안에서는 내 파트너가 잘 될수록 나도 무조건 성공하는 구조라고 할 수 있다.

내가 간절히 찾아 헤매던 정통 네트워크의 시스템, 정직하고 믿음이 가는 경영진, 그리고 제품력. 나는 마치 물고기가 제대로 물을 만난 것처럼 나만의 경험과 연륜과 능력을 최대한 발휘해 마음 놓고 열심히 일할 수 있었다.

전국구를 무대로 동에 번쩍 서에 번쩍
나를 따르는 '박경애 사단'이 전국에 분포

"박경애 사장님은 어쩜 그렇게 강철체력이에요? 동에 번쩍 서에 번쩍 하시네요!"

한때 몸이 아파 일을 그만둬야 했던 시절을 떠올리면 나도 지금의 내 모습이 믿기지 않을 정도다. 이제는 나이보다 젊어 보인다는 말보다 건강하고 체력 좋아 부럽다는 말이 더 듣기 좋다.

나는 주로 대전을 중심으로 사업을 펼치고 있지만 천안, 대구, 광주, 목포, 전주, 군포, 송탄 등 전국 방방곡곡을 누비며 움직이고 있다. 그야말로 전국구가 내 무대이다.

파트너들이 나를 필요로 한다면 거기가 어디든 하루에도 몇 번이고 왔다 갔다 할 수 있다. 나를 믿고 따르는 전국의 파트너들, 일명 '박경애 사단'이라 할 수 있는 파트너들이 최소 200명 이상 지금 이 순간에도 활발하게 활동 중이다. 그걸 생각하면 절로 기운이 난다.

10년 전, 20년 전보다 오히려 지금 더 활력 넘치게 일하면서도 지치지 않는 건 앞날에 대한 불안감 없이 마음 놓고 내 능력을 발휘할 수 있어서인 것 같다. 회사를 믿을 수 있어서 마음이 불안하지 않기 때문이다.

네트워크마케팅은 여성의 평생직으로 최고
좋은 회사를 선택하는 안목이 중요하다

네트워크비즈니스를 하면 여러 가지 좋은 점들이 있지만 그중에서도 누구나 나이와 상관없이 평생직으로 일할 수 있다는 점을 최고의 장점으로 꼽고 싶다. 특히 여성들이 학력이나 경력과 상관없이 전문직으로 일할 수 있다는 점에서 적극 추천하고 싶다.

남편, 그리고 결혼한 아들딸 내외의 한 달 수입을 다 합친 것보다 내 한 달 수입이 더 많다 보니 나는 집에서 '여권 신장이 이뤄졌다'는 농담을 하며 크게 웃곤 한다. 누구나 언제 갑자기 직장을 잃게 될지도 모르는 불안정한 시대에 내 힘으로 가정 경제를 든든히 떠받치고 있는 것은 큰 보람이고 힘이다. 특히 다단계는 불의의 사고가 있을 때 가족에게 상속을 할 수 있는 제도가 마련되어 있어 본인뿐 아니라 가족의 미래까지 보장해준다는 점이 큰 장점이다.

하지만 네트워크마케팅에 종사하는 인구가 늘고 회사도 점점 많아지고 있으므로 좋은 회사를 선택하는 안목도 아주 중요하다.

그렇다면 평생 믿고 일할 수 있는 좋은 회사를 고르기 위해서는 무얼 염두에 두어야 할까? 나는 다음과 같은 점을 꼽고 싶다.

첫째, 보상플랜과 시스템을 살펴봐야 한다.

지금 당장 업계 최고가 아니더라도 회사의 시스템이 잘 되어있고 경영진이 그 시스템을 잘 지켜나가는 회사라면 앞으로 얼마든지 크게 성장할 수 있다. 그중에서도 보상플랜이 잘 갖춰져 있는 회사라면 믿을 수 있을 것이다.

그래서 네트워크가 처음인 사람이라면 누가 소개했다고 덜컥 시작하기보다는 초반에 공부도 많이 해야 하고 회사의 정책에 대해서도 자세히 알아볼 수 있어야 한다.

둘째, 제품력이 중요하다.

몽니스의 경우 써본 사람이 바로 느끼는 탁월한 성능을 갖고 있다. 복잡함보다 간편함을 추구하는 요즘의 화장품 트렌드와도 잘 맞는다.

단일제품 하나의 가격만 보면 처음엔 부담스럽다고 느낄 수도 있지만, 대부분의 여성들이 여러 단계의 화장품 아이템들을 구입하는 데 드는 총 비용을 따져본다면 결코 비싸지 않다는 걸 알 수 있다. 실제로 몽니스 고객들 중에는 자기가 이 사업을 하고 안 하고와 상관없이 오로지 제품에 반해 계속 쓰겠다는 사람들이 많다.

나 역시 고객들은 물론이고 파트너들에게 긴 말 필요 없이 '일단 써보라'는 말부터 한다. 체험을 해보고 얼굴이 변화되면서 제품이 바로 말을 해주기 때문이다.

그래서 몽니스사업은 말을 청산유수처럼 잘 하는 사람이 아니어도 일하기가 쉽다. 얼굴에 드러나는 효과를 시각적으로 보여주면 더 이상 설명이 필요 없으니까.

셋째, 글로벌 진출력이 있는 회사인지를 봐라.

암웨이가 전 세계 시장에서 오랜 역사를 갖고 성공했듯이, 루안은 국내 시장만이 아니라 글로벌로 진출해 영역을 넓히겠다는 비전을 초창기부터 갖고 있었다. 그리고 그 비전을 현실로 옮겨 동남아시아 각국과 미국까지 진출 중이다. 글로벌 진출의 비전을 갖고 있는 회사는 그만큼 앞으로의 성장 가능성이 무궁무진하다.

넷째, 너무 초창기이거나 너무 오래된 회사보다는 경영의 안정궤도에 올라간 회사가 좋다.

사업자가 열심히 하더라도 시스템이 불안정하면 얼마든지 와해될 수 있다. 내가 루안을 자랑스럽게 여기는 여러 장점 중 하나는 바로 사업자가 마음 편하게 일에 몰두할 수 있게 해준다는 점이다. 시스템이 안정화되어 누구나 들어오기만 하면 성공할 수 있도록 탄탄한 기반을 갖춰놓은 곳이라는 자부심이 크다.

다섯째, 교육 프로그램이 잘 되어 있어야 한다.

네트워크사업은 많이 공부하고 많이 아는 만큼 성공하는 사업이다. 그래서 당장 매출을 올리게 하는 것보다 회사 차원에서 다양한 교육 프로그램을 제공해야 한다.

몽니스의 뷰티아카데미, 비즈니스 디렉터 교육 시스템, 다양한 방송 동영상 교육, 그룹별로 세분화된 교육 프로그램들은 사업자들로 하여금 지속적인 발전을 할 수 있도록 도와준다.

여섯째, 오너가 자신의 약속을 구체적으로 지키는지가 중요하다.

회사를 운영하는 오너나 리더들 중에는 처음의 거창한 약속들을 슬그머니 철회하고 흐지부지하는 경우도 많다.

반면 좋은 리더는 허황된 약속을 하지 않을뿐더러 자기 입으로 내뱉은 약속을 반드시 지킨다. 루안의 경우 '1년 전에 오너가 이야기한 것들이 1년 후에 정말로 이뤄져 있더라'는 것이 거의 정석처럼 알려져 있다. 약속을 잘 지키는 리더를 둔 회사라면 내 인생을 믿고 맡겨도 될 것이다.

일곱째, 처음 시작한 사람들에게 사재기를 종용하는 회사는 안 된다.

흔히 사업을 시작한다고 하면 무리하게 사재기를 하게 만들고 빚을 지게 만들 거라고 오해하는 경우가 많다. 그러나 직급을 빨리 따려는 욕심 때문에 매출을 위해 무리해서 사재기를 하려 하는 사람은 네트워크 사업을 오랜 시간 안정적으로 해 나가기 어렵다.

특히 사재기를 하도록 종용하는 회사라면 다시 생각해 봐야 한다. 좋은 네트워크 회사라면 무리한 사재기를 하지 않더라도 시스템대로만 따라가면 자연스럽게 사업을 할 수 있게 만들어준다.

네트워크사업은 '꿈을 이뤄주는' 사업
나이를 잊은 젊음과 활력으로 매일 충전되다

내가 가장 좋아하는 말이 바로 '꿈은 반드시 이루어진다' 는 말이다.

나는 네트워크사업이 바로 이 말과 딱 맞는 사업이라고 생각한다. 누구나 중간에 포기만 하지 말고 꾸준히 하기만 하면 반드시 성공할 수 있다는 얘기, 꿈을 크게 갖고 조금만 더 노력하고 기다린다면 누구나 성공할 수 있다는 얘기를 파트너들에게도 입버릇처럼 자주 한다.

예전부터 꿨던 꿈 중에 건물을 하나 사는 게 꿈이었는데 루안에서 일하면서부터는 그 꿈이 점점 손에 잡힐 듯 가까워지고 있다. 또 글로벌로 사업을 펼치는 루안의 비전처럼 내 활동무대도 해외로 넓히고 싶다. 무엇보다도 지금의 활력과 에너지를 잃지 않고 재미있고 신나는 여생을 맞이하는 게 내 꿈이라면 꿈이다.

또 한 가지 빼놓을 수 없는 행복이라면 회사의 초창기부터 나와 같이 노력하고 고생했던 파트너들이 승급할 때이다. 내 파트너들의 성공이 곧 내 성공임을 알고, 나와 같이 일하는 파트너들이 단 한 명도 낙오하지 않고 성공자가 되기를 진심으로 바라며 오늘도 에너지 충만하게 달릴 준비가 되어 있다.

tip | 박경애 다이아몬드가 전하는 말…

좋은 명단을 작성하고 초대하기 위해
알아둘 것은?

1〉 좋은 명단을 작성하기 위한 6가지 요령

1. 명단을 작성할 때는 스폰서와 함께 한다.
2. 1시간가량 시간을 두고 아는 사람을 모두 적는다.
3. 최소한 50여 명이 되도록 한다.
4. 이들의 직업과 직장, 연령대, 거리 등으로 분류한다.
5. 사업을 같이 하고 싶은 사람을 먼저 적는다.
6. 명단을 프린트해 항상 지참하고 새로운 사람을 추가하거나 삭제하는 등 지속적으로 업데이트 한다.

2〉 네트워크비즈니스의 인맥 구축 시 고려해야 할 6가지 조건

1. 모임이나 다른 조직으로 같은 관심사를 키워가라.
2. 나와 비슷한 관심사를 가진 사람, 동기를 주는 사람과 친해져라.
3. 대화를 나누고 싶은 이들의 명단을 작성하라.
4. 다른 이와 더불어 장차 필요하게 될 것들을 찾아나서라.
5. 다른 사람의 의견을 귀 기울여 들어라.
6. 역할 모델을 찾아라.

3〉 성공하는 초대를 위한 10가지 실행법

1. 전화를 걸 때 미리 메모하라. 원하는 바를 어떻게 전달하고 요청할지
   미리 생각한다.
2. 누군가를 만날 때는 당신이 찾고 있는 것을 명확히 전달하고 피드백 하라.
3. 지금까지 타인에게 배운 노하우를 상대에게 알려라.
4. 좋은 소식, 나쁜 소식을 가리지 않고 정보를 습득하라.
5. 상대의 의견을 잘 들어라.
6. 당신이 경험했던 분야의 정보로 도움을 주어라.
7. 상대에게 당신에게 조언을 줄 수 있는 사람을 소개받아라.
8. 상대의 시간을 너무 많이 빼앗지 마라.
9. 당신이 해줄 수 있는 것, 상대가 내가 해줄 수 있는 것을 요약해 공유하라.
10. 간단한 사후점검과 함께 이메일, 문자 등으로 감사의 글을 전달한다.

최미란

크라운

중국 천진에서 태어나 오랜 세월 국제무역에 종사했다. 우연히 몽니스를 만나 제품력에 큰 감동을 받고 '이 제품으로 한국에서 일하고 싶다'는 열망에 가방 하나 달랑 들고 무작정 한국행 비행기를 탔다. 처음 6개월 간 수입이 한 푼도 없던 어려운 시기도 있었고 중국 교포에 대한 편견과 배척에 마음고생도 심했지만, 몽니스에 대한 확신 하나만으로 버틸 수 있었고 최고 직급에 오를 수 있었다. 나의 노력과 열정이 고국의 경제와 사회에 조금이라도 보탬이 될 수 있다면 더 바랄 것이 없다.

4 | 중국 교포 아줌마가 이룬
꿈 당신도 할 수 있다

25년간의 국제무역 경험과 타고난 감각
몽니스를 접하고 강하게 확신 생겨

중국 천진에서 태어나 문화혁명 등 중국 역사 격동기의 어린 시절을 보낸 나는 평생을 국제무역에 종사하며 꽤 성공된 삶을 살았다. 어쩔 수 없이 한국말보다 중국말이 더 익숙한 환경에서 살면서도 나의 뿌리와 모국에 대한 그리움은 늘 가슴에 자리 잡고 있었다.

일본과 미국, 유럽 등을 대상으로 의약품과 건강식품 등을 다루는 수출 무역업을 해왔기 때문에 경제와 유통의 국제적 흐름에 대해 누구보다도 안목이 있고 타고난 감각도 있다고 자부할 수 있다. 25년간의 경험으로 인하여 환율만 봐도 경제적 데이터가 눈앞에 그려질 정도로 전문가가 되었고 경제적으로도 남부럽지 않은 삶을 일굴 수 있었다.

그러나 2000년도 이후 무역 환경이 빠르게 변화하는 것을 알 수 있었다. 나 역시 지금까지 해왔던 아이템과 시장으로는 더 이상 설 자리를 잃어버릴 수도 있을 것을 직감했다. 그때부터 뭔가 새로운 아이템을 찾아 도전하고 싶다는 목마름이 있었다.

그러던 중에 지인으로부터 웬 화장품을 한 병 건네받았다. 솔직히 말해 처음에는 이 화장품 한 병이 내 삶을 바꿔놓을 줄은 상상도 하지 못했다. 그때만 해도 포장용기도 조금 어설퍼 보이는 데다 내가 아는 이름 있는 브랜드도 아니었기 때문이다.

커리어우먼으로 살아왔기 때문에 유럽의 명품 브랜드 등 유명한 제품들도 써볼 만큼 써봤다. 하지만 아무리 비싸고 좋다는 화장품을 발라봐도 정말 피부를 좋게 만들어주고 유지시켜주는 제품은 거의 없었다.

그래서 당시 듣도 보도 못한 화장품에 특별히 관심이 갈 리 없었다. 예의상 집에 가져오긴 했지만 포장도 뜯지 않은 채로 그대로 처박아 두었다.

비싼 명품 화장품 써봤지만 유명무실
몽니스를 쓰자 얼굴이 달라져 대박 예감

그런데 한 석 달 후, 내게 몽니스를 건네줬던 그 지인을 우연히 다시 만났을 때 내 눈을 의심할 수밖에 없었다. 피부가 반짝반짝 빛나며 도자기처럼 매끈해지고 눈가도 팽팽해진 그녀의 모습은 마치 다른 사람 같았다. 피부만 바뀌었을 뿐인데 한 20년은 젊어 보이는 것이 아닌가!

나는 당연히 얼굴에 뭔가 값비싼 시술을 했을 거라고 짐작하고 이렇게 물었다.

"대체 얼굴에 무슨 짓을 한 거야?"

그런데 그녀의 대답은 의외였다. 석 달 전에 내게 한 병 건네줬던 그 화장품을 그동안 꾸준히 쓰고 있었다는 것이다. 원래 한 달에 2병만 쓰면 된다는데 자기는 2배나 더 많이 썼더니 피부가 이렇게 바뀌더란다.

화장품만으로 얼굴이 달라졌다고? 나는 뒤통수를 얻어맞은 듯 충격에 휩싸였다. 여자로서의 질투심도 생겼고 무엇보다도 제품에 대한 호기심을 억누를 수 없었다.

석 달 전에 화장대 구석에 처박아뒀던 제품을 다시 꺼내고 추가로 더 구입해서 그 다음 날부터 아침저녁으로 열심히 뿌리기 시작했다. '어디 얼마나 좋은지 한 번 보자' 하는 오기가 발동했다.

그렇게 한 달 쯤 지났을까? 내 얼굴이 달라지고 있다는 것을 나보다 다른 사람들이 먼저 알아차렸다. 한 모임에 나갔더니 나를 보고 다들 이런 말을 하는 것이었다.

"얼굴이 왜 이리 좋아졌어요? 요즘 무슨 좋은 일 있으세요?"

그날 집에 와서 거울 속의 내 얼굴을 봤을 때 내 눈에도 변화된 내 모습이 보였다. 거울 속의 내 얼굴은 나보다 8살 어린 여동생보다도 더 젊어 보이는 것이었다!

거울 속의 내 얼굴을 보는 순간 강렬하게 직감할 수 있었다. 이 제품 하나가 내 인생에 많은 변화를 가져올 것임을.

전화번호 하나 달랑 들고 무작정 한국행
우여곡절 끝에 루안코리아를 만나다

새로운 무역 아이템을 찾고 있던 내게 몽니스 만한 확신을 준 제품은 처음이었다. 한국을 무대로 사업을 펼친다면 가능성이 무궁무진할 것이 틀림없었다. 그 확신은 사업가로서의 직감을 넘어서는 것이었다.

내게 한국이란 나라는 늘 그리운 모국이기도 했지만 여성들의 미적 감각이 뛰어난 동경의 대상이기도 했다. 한류 드라마와 영화 등으로 인해 중국인들의 인식 속에서도 한국 여자들은 전부 다 아름답고 화장도 잘 할 줄 아는 사람들이라는 이미지가 강하다. 여자들이 화장을 잘 하지 않는 미국이나 유럽보다 오히려 한국의 화장품 시장이 세계적으로 각광을 받고 있는 것도 다 그 때문이다. 나는 몽니스가 한국 소비자들에게 각광을 받을 거라는 걸 믿어 의심치 않았다.

일단 결심하면 실행에 옮기는 성격이라, 비록 한국에 연고는 없었지만 여행가방 하나 달랑 들고 한국행 비행기에 올랐다.

그때가 2012년 8월. 내 손에는 한국에 인맥이 있는 지인이 적어준 전화번호 하나만 있을 뿐이었다.

지인이 소개해준 그 분은 한국의 한 보험회사에서 보험설계사로 일하는 분이라고 했다. 그 분에게 제품과 사업 가능성을 설명하고 한국 시장에서 발을 디딜 길을 찾아보고자 했다. 어찌 생각하면 '맨 땅에 헤딩' 같은 무모한 시도였을지도 모르지만 그 당시에는 모든 것이 가능해 보였다.

처음에는 한국말도 서툴러 마음고생
다 그만두고 돌아가고 싶기도…

웬 나이 든 중국 교포 아줌마가, 그것도 아직 한국말이 서툴러 말도 더듬거리는 사람이 전화를 걸어 만남을 청하자 처음에는 연락도 잘 되지 않았다.

어렵게 연락을 취해 그 분을 만날 수 있었지만 나의 한국말 표현력에 한계가 있어 의사소통도 쉽지 않았다. 그럼에도 불구하고 종이에 글씨를 쓰고 그림을 그리다시피 하며 이 제품에 대해, 이 제품으로 사업을 했을 때의 비전에 대해 열변을 토했다.

보험설계사로 일하던 그 분은 보험 여왕에 등극했을 정도로 능력을 인정받은 데다 방판사업 경험도 있어서인지 점점 내 이야기에 귀를 기울이기 시작하였다. 마침 그 분도 기존에 하던 일에 회의를 느끼고 뭔가 새로운 길을 찾고 있다고 했다.

밤새 이야기꽃을 피운 후 마침내 사업에 함께 동참하기로 하고, 그 후 우여곡절 끝에 이 몽니스 제품을 합법적 라이센스로 들여와 유일무이한 아이템으로 내건 루안코리아라는 신생 회사의 대표를 만나게 된 것이 2012년 10월 경.

마침내 내가 막연히 꾸던 꿈이 현실로 이루어지기 시작하였다.

'중국 교포 아줌마' 에 대한 편견과 배척
포기하지 않는 꾸준함으로 극복

나 자신이 오랜 세월 사업을 해본 경험이 있기 때문에, 새로 문 연 회사가 초창기에 어려움을 겪을 것이라는 것 정도는 얼마든지 예상하고 감수할 자신이 있었다. 그러나 그보다 더 힘들었던 건 낯선 한국 땅에서 사람들의 편견을 견뎌내는 일이었다.

중국에서는 당당한 여성 사업가로 자수성가하여 좋은 집에 살며 좋은 차 타고 다니던 나였다. 하지만 가족과 떨어져 홀로 한국에 와서 처음 몇 달 간은 작은 오피스텔에 짐 풀어 놓고 지하철을 타고 다녀야 했다. 고국이지만 난생 처음 발 디딘 한국 땅, 그중에서도 서울이라는 곳은 차갑고 냉혹한 도시였다.

지하철은 어찌나 복잡한지 길을 잃거나 반대쪽 열차를 타고 가다 엉뚱한 곳에서 헤매기 일쑤였다.

내가 여기서 뭐하고 있는 것인가 하는 생각에 스스로 초라하게 느껴지기도 하고 밤이면 절로 눈물이 흐르기도 했다.

나 자신이 한국인이라는 사실을 잊어본 적 없었지만, 어눌한 한국말을 하는 나는 그저 '중국 아줌마'로 보이는 모양이었다. 때로는 차마 입에 담기도 힘든 노골적인 욕설을 들은 적도 있었다. 나이도 많고 말도 잘 못하고 한국사회에 익숙하지도 않다 보니 외로움이 물밀 듯 밀려오는 날이 많았다.

그리고 주변에서는 부정적인 이야기를 많이 했다. 회사가 금방 망할 거라는 비방은 물론이고, 중국 교포가 네트워크로 성공하는 건 불가능하다는 이야기, 어서 빨리 중국으로 돌아가라는 이야기들을 하루가 멀다 하고 들었다.

"그 중국 아줌마, 아직도 안 갔어?"

이런 말들이 내 귀에도 그대로 들릴 정도였다. 밤낮을 가리지 않고 사방으로 리크루팅을 하러 다녔지만 수십 번씩 거절당하기도 했다. 사업을 시작하고 처음 6개월간은 통장에 들어오는 돈이 거의 없을 정도로 내 생애 최악의 나날들을 보냈다.

'내가 정말로 안 되는 일을 하고 있는 것인가?'

이런 의문이 들지 않았다면 거짓말이다. 내 선택이 틀린 것인가 하는 두려움도 있었다.

하지만 어렵고 힘든 순간에도 내 선택에 대한 열정과 꾸준함으로 한번 밀어 붙여 보자고 다짐했다.

당장이라도 중국의 가족에게로 돌아가고 싶었지만 일부러 명절에도 집에 가지 않았다. 중국으로 돌아가면 그대로 집에 눌러앉아 한국으로 돌아오지 못할 것 같아서였다.

처음 6개월 간 무일푼에도 끈기 있게 노력
이제는 월 1억의 최고 직급자로 승급

새벽까지 발로 뛰어 사람들을 찾아다니며 서툰 한국말로 몽니스라는 아이템과 비전을 열심히 설명하였다. 아무리 거절을 당해도 포기하지 않았다. 100퍼센트의 부정 속에서도 희망을 놓지 않았다. 초창기의 회사를 믿지 못한 사람들이 회사를 떠나가는 걸 보고도 내 선택과 회사의 가능성, 그리고 오너의 뚝심을 끝까지 믿었다.

무역을 오래 했지만 네트워크는 처음이었기 때문에 네트워크마케팅에 대해서도 열심히 공부했다. 회사의 시스템을 철저히 따랐다. 그리고 때가 오기를 기다렸다. '반드시 된다' 는 내 직감을 믿었다.

6개월이 지나면서 나의 한국말도 하루가 다르게 늘었다. 그리고 거짓말처럼 회사도 하루가 다르게 성장하기 시작하였다.

1년 반이 지난 후 나는 최고 직급자가 되었고 회사는 1600퍼센트의 성장률을 보였으며 한국 토종 네트워크 업계에서 돌풍을 일으켰다. 나를 믿고 따라와 준 파트너들의 상당수가 성공자의 대열에 올랐고 지금도 열심히 일하고 있다.

지난 세월을 떠올리면 감회가 새롭다.

중국에서 20년 넘게 국제무역 사업가로 일한 시간보다, 한국에 들어와 루안코리아에서 일한 지난 2년의 시간이 더 드라마 같이 느껴진다. 중국에서 편안하게 안주할 수도 있었겠지만 가방 하나 들고 서울 땅을 밟은 내 선택을 절대 후회하지 않는다.

몽니스라는 좋은 아이템에 대한 직감, 루안의 철저한 시스템, 오너의 추진력과 열정 등 지금의 모든 것을 가능하게 해준 요소들이 많다. 그중에서도 '끈기'를 잃지 않은 것이 가장 중요했다. 아무리 힘들고 어려운 순간에도 끈기와 꾸준함을 잃지 않았기에 여기까지 올 수 있었다.

아직도 많은 이들이 네트워크비즈니스에 대해 부정적으로 생각하고 있다. 하지만 21세기가 네트워크마케팅의 시대가 되고 있다는 것은 부정할 수 없는 현실이다. 그 현실과 가능성을 더 많은 이들에게 알리고 싶다.

인내와 꾸준함, 그리고 열정을 잃지 않는다면 언젠가는 진심을 인정받을 수 있음을, 나 같은 중국 교포 아줌마도 얼마든지 성공할 수 있음을 더 많은 사람에게 알려주어 함께 성공하고 싶다. 또한 중국에 있을 때 복지단체 기부 등을 항상 했던 것처럼, 이제는 한국 사회에도 조금이나마 보탬이 되는 일을 하고 싶다.

네트워크사업이 그동안 실패했던
5가지 이유는 이것!

1. 한 우물만 파지 않았다.

모든 사업은 열정을 먹고 자란다. 그 사업에 대해 많은 정보를 얻고 분석하고 알아나가려는 노력으로 장인정신으로 이어가야 한다.

2. 일확천금의 환상에 빠져 있었다.

사행심은 사업을 망가뜨리는 가장 나쁜 요인이다. 노력과 시간 투자를 충분히 하지 않은 사업자가 갑자기 많은 돈을 번다는 건 사실 망상에 가깝다.

3. 지인들과의 신뢰를 상실했다.

사업은 고객관리가 필수다. 특히 상품을 서로 소개하며 그룹을 만들어가는 인적 네트워크가 기반인 네트워크비즈니스는 더욱 그렇다.

4. 성공에 대한 마인드 정립이 부족했다.

사업은 마인드 싸움이다. 어째서 이 사업을 선택했는지, 이 사업을 통해 무엇을 얻으려고 하는지, 내가 성공하고 부자가 되고 싶어하는 이유는 무엇인지, 어려워질 경우 어떻게 대처할 것인지에 대해 숙고해야 한다.

5. 정보에 대한 판단이 부족했다.

수많은 정보를 어떻게 획득하고 삶에 적용하는가가 관건이다. 정보의 홍수 속에서 양질의 정보를 선별할 수 있는 능력이 필요하다. 잘못된 정보를 믿고 잘못된 판단을 내리면 아이템 선택에 실패할 수 있다.

황미화
더블 다이아몬드

　　개인사업과 영업 등 다방면의 분야에 종사하다 우연히 가족의 건강 문제로 인해 한 건강 제품을 접하면서 네트워크사업에 뛰어들게 되었다. 몇몇 네트워크 회사를 거쳐 마침내 루안을 만나게 되었는데 오너의 혁신적인 마인드와 회사 시스템이 남다른 이곳에서 네트워크비즈니스 사업자로서의 행복과 진정한 마음의 여유를 알게 되었다. 가족의 응원과 수많은 사람들과의 만남 속에 하루하루 보람을 느끼며 더 나은 내일을 꿈꾸고 있다.

5 | 제대로 하려면 내 모든열정을 불사르자

네트워크비즈니스에 대한 큰 비전
몽니스를 만나며 활짝 꽃피우다

사람 만나는 것을 좋아하고 한 군데 갇혀 있는 것보다 발로 뛰어 다니는 것을 즐기는 성격을 가진 내가 네트워크비즈니스를 처음 접하게 된 지는 10여 년이 좀 넘었을 것이다.

인테리어 관련 개인 사업을 하다 우연히 영업에 매력을 느끼고 지인의 소개로 보험회사의 영업직으로 전업하여 7년 정도의 세일즈 경험을 쌓았던 무렵이었다. 그래서 다양한 사람을 만나며 일한 만큼 능력껏 대가를 받는 영업이라는 분야에 있어서 어느 정도 자신감은 생겨 있었다.

영업을 하다 보니 당시 국내에서 우후죽순으로 회사 설립이 이루어지고 있던 네트워크마케팅에 대해 자연스럽게 관심이 가지 않을 수 없었다.

 '과연 네트워크마케팅이란 무엇일까? 무엇이기에 이렇게 많은 사람들이 달려드는 것일까?'

 강한 호기심이 일지 않을 수 없었다. 내 나름대로 이것저것 알아보며 공부해보고 나니 기존에 내가 해왔던 세일즈와는 비교할 수 없는 대단한 매력과 비전을 느낄 수 있는 신세계가 아닌가!

오래 전부터 네트워크에 매력 느껴
가능성과 비전에 운명처럼 빠져들다

 우리나라의 경우 초기 정착단계에서의 왜곡된 과정으로 인해 많은 사람들이 다단계에 대한 안 좋은 인식을 가지게 되었다. 불로소득으로 단기간에 큰돈을 벌게 해준다는 허황된 오해가 지배적이었다. 그런 인식이 지금까지도 이어져 오고 있는 것도 어느 정도 현실이다. 하물며 10여 년 전에는 다단계 하면 '불법 피라미드'라는 사회적 인식이 더 강했다.
 하지만 내 경우엔 처음부터 네트워크사업에 대한 긍정적 인상을 가지고 있었다. 책 등을 통해 원리를 알아보고 나니 그 어떤 분야보다도 장기적인 비전이 있는 분야임을 알 수 있었기 때문이다.

그 당시 친정아버지와 언니의 건강이 안 좋아져 나 역시 하던 일을 잠시 접고 가족의 건강 회복을 위해 고군분투하지 않을 수 없었다. 그때 가족의 건강 개선에 눈에 띄는 효과를 보여준 것이 바로 한 네트워크 회사의 건강 관련 제품이었다.

백문이 불여일견이라고 했던가. 나와 내 가족이 몸소 경험한 네트워크 회사란 '질 좋은 제품'을 소비자에게 제공하는 것이라는 긍정적인 인상으로 다가오게 되었다.

어쩌면 이미 그때부터 네트워크사업이란 내 인생의 숙명과도 같은 것이었는지도 모르겠다.

몇 번의 네트워크사업 경험과 시행착오를 통해 네트워크사업의 정통성을 지닌 회사를 찾게 돼

그렇게 해서 몸담게 된 네트워크비즈니스 분야 중 맨 처음 접한 곳은 통신 관련 사업을 하는 회사였다. 그 후 통신사업을 거쳐 식품과 건강기능성 제품을 다루는 회사로, 또 금융 관련 회사 등 꽤 다양한 분야의 네트워크 회사들을 차례차례 경험했다.

원래 개인사업과 세일즈 경험도 있는 데다 워낙 성격상 적성에 잘 맞는 일이어서인지 어느 회사에서건 비교적 단기간에 상위 직급 및 리더 사업자로 승급하는 데 있어 큰 어려움을 겪지는 않았다.

그런데 매번 상위 직급자들이 다른 회사로 이동하며 조직이 와해되거나 혹은 파트너들이 회사를 쉽게 떠나는 과정이 되풀이되는 것을 한 번 두 번 경험할수록 스스로 느끼는 바가 있었다.

그것은 바로 내가 맨 처음 비전을 느꼈던 네트워크비즈니스의 정통 원리와 시스템을 지닌 탄탄한 조직에 들어가고 싶다는 것!

애초에 느꼈던 큰 비전에 비해 국내 네트워크 업계는 시장 자체도 여러 모로 혼탁해지고 하루가 다르게 트렌드도 바뀌고 있었다. 그런 환경 속에서 내가 간절히 원한 것은 원칙을 지키고 원리에 충실하며 탄탄한 시스템을 갖춘 회사, 그리고 확고한 철학과 혁신적인 마인드를 지닌 오너가 이끄는 좋은 회사였다.

우리나라에서 그런 회사를 찾을 수 있을까? 아니면 외국계 네트워크 회사를 선택해야 하는 것일까? 앞날을 위한 수많은 선택의 기로에 놓여 있었다.

이러한 고민과 갈등 중 만나게 된 것은 바로 몽니스라는 참신한 제품, 그리고 그 제품을 유통하는 루안코리아라는 새로운 회사였다.

네트워크사업은 돈이 아니라 행복을 좇는 일
누구와 함께 일하느냐가 더 중요하다

　이런저런 경험을 통해 절실하게 터득한 것이 있었으니, 그것은 바로 '누구와 일을 하느냐'가 가장 중요하다는 점이었다.

　네트워크비즈니스에서 성공하기 위해서는 여러 가지 조건이 있다. 그 중에는 제품력도 물론 중요하지만 경영자가 어떠한 마인드를 가지고 조직을 이끄느냐가 무엇보다도 중요하다는 것을 적지 않은 경험을 통해 깨달았다. 혁신적이고 합리적인 마인드를 가진 오너, 성실하고 신뢰할 수 있는 리더와 경영진이 회사를 이끌어야 네트워크비즈니스 본래의 정통성을 살릴 수 있을 것이다.

　누구나 깜짝 놀랄 만큼의 제품력을 갖춘 몽니스라는 제품을 우연히 접하게 된 나는 회사에 대해 알아보기 위해 수차례 교육장을 찾았다. 열심히 교육을 듣고 어떤 사람들이 이 회사를 이끌고 있는지를 면밀히 살펴보았다.

　그런데 루안코리아의 교육을 들으면 들을수록 점점 더 확신이 강해졌다. 이곳이야말로 내가 찾던 회사임을!

　그리고 시간이 지날수록 내 선택이 틀리지 않았음을 알 수 있었다. 설립 초창기의 회사는 여러 모로 불안정할 수밖에 없었고 그러한 불안정성으로 인해 흔들리거나 떠나는 이들도 적지 않았다. 지난 2년 동안 위기와 고비가 없었다면 거짓말일 것이다.

그러나 어려운 순간마다 내가 주목한 것은 젊은 오너의 확고한 비전과 철학이었다. 그것은 이전에 내가 경험한 그 어떤 회사에서도 보지 못한 것이었기 때문이다.

오너는 막연한 비전이 아닌 구체적이고 선명한 비전을 제시했고, 단기간의 계획들부터 하나씩 실천하는 모습을 직접 보여주었다. 말로써가 아니라 행동과 실천으로 눈앞에 확실한 뭔가를 제시하는 것을 지켜보면서, 또한 내 상위에 있는 그룹장의 묵묵함과 성실성을 바라보면서 깊은 감명을 받을 때가 많았다.

이러한 판단과 믿음을 가질 수 있었던 건 나 자신이 몸소 국내 네트워크 업계의 다양한 회사들을 거치면서 직접 경험하고 시행착오를 통해 배운 것들이 있었기에 더 가능했을지도 모른다. 실제로 루안을 만나기 전에도 타 회사들로부터 적지 않은 좋은 조건을 제안 받은 바가 있었지만 이와 같은 확신을 준 회사는 거의 없었던 것이다.

네트워크비즈니스 업계에서 정평이 난 교육시스템
돈 버는 법이 아니라 행복해지는 법을 깨닫다

네트워크 비즈니스에 대해 수백 번을 강조해도 지나치지 않다고 생각하는 덕목 중 하나가 바로 사람들과 함께 하는 시간이 중요하다는 점이다. 흔히 생각하는 것처럼 초반에 돈만 좀 투자한다고 해서 쉽게 돈을 벌고 성공하는 것이 아니다. 오히려 돈만 투자해서는 절대 성공할 수 없는 일이 바로 네트워크 마케팅이다.

돈보다 시간을 투자해야 하고, 그 시간 동안 다른 사람들과 함께 하려는 마인드가 중요하다. 그래서 첫째도 사람, 둘째도 사람, 셋째도 사람이다. 내가 사람을 보고 루안을 선택한 것처럼, 나 역시 나를 믿고 따라와 준 사람들을 책임지고 함께해줘야 할 것이다. 돈이 아니라 사람을 신뢰하고, 사람과 함께 움직이고, 사람과 함께 배우고, 사람과 함께 느끼면서 나아가야 한다.

그 일환으로 루안에서 체계적으로 중점을 두어 진행하는 것이 바로 교육이다. 네트워크비즈니스란 본질적으로 교육 사업이라고 해도 과언이 아닐 것이다.

흔히 교육을 백년지대계라고 하지 않던가? 오랜 세월 탄탄하게 뿌리를 내려야 그 나라의 교육이 자리를 잡고 미래의 인재가 육성될 것이다.

그런 것처럼 네트워크마케팅도 체계적인 교육 과정을 통해 뿌리를 깊이 내려야 외국처럼 역사를 일구며 지속될 수 있다. 우리나라 사람들이 잘못 알고 있는 것처럼 단번에 돈을 벌고 금세 흩어지는 것은 진정한 네트워크비즈니스가 아니다.

날마다 배우고 소통하며 나를 업그레이드
사람들과 함께 하는 여유와 행복 만끽

루안코리아의 네트워크비즈니스 교육 프로그램은 국내의 크고 작은 관련 업체들의 교육시스템 중에서도 월등하다고 소문이 나 있다. 본사에서 실시하는 뷰티아카데미는 사업자와 소비자 모두에게 처음부터 올바른 개념 정립을 할 수 있도록 도와주어 큰 인기를 끌고 있다. 그 외에도 제품에 대해 이해하고 사업에 대해 공부할 수 있는 크고 작은 교육시스템들이 본사와 전국 각지 사업장에서 강연을 통해, 자체 방송을 통해, 매일 운영되고 있다.

이들 교육시스템을 통해 사업을 새로 시작하는 신규들은 물론이고 현재 진행하고 있는 사업자와 파트너들을 위해 회사의 비전과 더불어 사업에 필요한 실질적인 정보를 제공해준다. 본사에서, 그리고 각 그룹 차원에서 진행하는 교육 프로그램은 단지 제품이나 회사에 대한 것만은 아니다. 네트워크비즈니스는 결국 사람과의 만남 속에서 발전이 이루어진다. 다양한 교육과정은 바로 이런 만남을 가능하게 해준다. 사람들과 만남의 시간 속에서 내가 느끼는 가장 중요한 것은 사람과 함께 하는 즐거움과 행복감이다.

많은 사람들이 자기 삶을 돌아보고 긍정적인 마인드를 통해 더 나은 내일을 함께 꿈꾸는 가운데 나 자신도 잠시 쉬어가는 여유를 만끽하곤 한다. 결국 네트워크는 돈을 좇는 것이 아니라 인생의 행복을 위한 것이 아닐까?

비즈니스는 개미처럼 vs 네트워크는 거미처럼!
조직이 탄탄하면 성공은 보장되어 있다

나와 내 파트너들은 매일 아침 6시만 되면 모바일 SNS 채팅방에 들어가 반갑게 인사를 나눈다. 채팅을 하는 시간은 매일 정해져 있는데 아침 6시부터 9시, 저녁 6시부터 9시까지이다. 그 외의 시간에 들어오면 아예 채팅을 할 상대도 없고 오히려 퇴장 당한다. SNS를 하기로 정해진 시간 동안은 다른 사람과의 교류를 나누지만, 그 외의 시간에는 자신의 일과에 몰입하자는 뜻이다. 자신이 어디에 소속되어 있는지를 잊지 않으며 팀워크를 다지지만, 나태함에 빠지지는 말자는 의미이기도 하다.

네트워크사업을 함에 있어 지금 돈이 있고 없고는 그리 중요하지 않다. 긍정적인 마인드와 부지런함, 성실성만 갖추고 있다면 돈은 어떻게 해서든 벌 수 있게 된다는 것이 내 생각이다. 혼자가 아니라 함께라면 더더욱 길이 열린다. 오랜 기간 상호 간의 신뢰를 바탕으로 한 팀워크를 중시하는 것도 그래서다.

몽니스의 제품력과 성능을 알리기 위해 만든 뷰티 프로그램 중에 '21

일의 기적'이라는 프로그램이 있다.

그것은 제품 한 박스를 쓰는 21일 동안 마치 딴 사람처럼 얼굴이 바뀌게 된다는 뜻이기도 하지만, 21일에는 다양한 의미가 담겨져 있다. '비포 애프터'의 신비롭고 극적인 피부 변화를 만드는 21일, 아기가 태어난 후 산모와 아기의 건강을 위해 외부의 나쁜 기운을 차단하는 삼칠일, 계란이 병아리로 부화하는 데 걸리는 시간인 21일. 이 모든 게 결국은 다 일맥상통한다.

기적처럼 얼굴이 바뀌고 생명이 자리 잡는 데 걸리는 시간이 한 달도 채 안 되는 21일에 불과한 것처럼, 우리 삶의 변화가 일어나는 계기도 이처럼 짧고 결정적인 순간이 아닐까? 그래서 나는 리더로서 내 파트너들에게 이런 이야기를 자주 한다. 약간의 인내심만 가진다면 시간이 모든 것을 가능하게 해줄 거라고. 돈이 된다는 말만 듣고 기웃거리다가 금세 떠나려 하지 말고, 눈에 보이지 않는 결정적인 변화가 일어나는 21일 동안 인내하듯이 조금만 기다려 보라고 말이다.

과거에 내가 경험했던 일반 세일즈라는 분야가 1년 365일 동안 언제까지나 개미처럼 일해야 하는 것이었다면, 네트워크비즈니스는 거미처럼 일하는 분야라고 할 수 있을 것이다. 회사와 시스템만 튼튼하다면 개미처럼 일하는 것이 아니라 거미처럼 네트 한가운데 가만히 자리를 잡고 앉아 성과를 올릴 수 있기 때문이다. 루안처럼 짧은 기간 동안 급성장한 회사라면 앞으로 더욱 가속도가 붙을 것이라고 확신한다.

이 순간, 오늘이야말로 내 생애 최고의 날!
네트워크비즈니스는 긍정 에너지를 확산시킨다

'피할 수 없으면 즐겨라' 라는 말도 있지만 나는 이 말을 조금 수정하고 싶다. 피할 수 없으니 즐기는 것이 아니라 굳이 피할 필요 없이 일의 모든 것을 충분히 즐기자고 말이다. 그러기 위해서는 일 자체를 사랑해야 할 것이다.

네트워크비즈니스 업계에 몸담은 후 몽니스를 만나게 되면서 나는 진정으로 일을 사랑하는 리더로 성장할 수 있었다. 내가 만난 파트너들이 몽니스를 계기로 인생의 역경과 난관을 극복하고 가족과 함께 행복해지는 모습을 수없이 지켜보았다. 나 한 사람이 직급 달성을 얼마 만에 하느냐보다 모두가 함께 잘 되고 더 많은 사람들이 함께 성공하는 것이 가장 보람 있는 일임을 느끼게 되었다. 이것이야말로 네트워크비즈니스의 가장 커다란 메리트가 아닐까 한다.

아울러 앞만 보고 달리는 것보다 때로는 인생의 여유, 마음의 여유를 갖고 가는 것이 더 중요하다는 것도 깨달았다. 그래서 다음과 같은 삶의 신조를 갖게 됐다.

- 가끔은 하늘을 올려다보는 여유를 갖고 살자!
- 누구를 만나건 때로는 한 발짝 물러서서 타인을 대하자!

- 오늘은 내 생애 최고의 날이다!

　이러한 신조를 갖게 된 후로는 일에 있어서도 사람을 대함에 있어서도 너무 마음을 졸이기보다는 넉넉한 여유를 갖는다. 여유가 자신감을 만들고 자신감이 인간관계를 더욱 풍요롭게 만든다. 그리고 여유롭게 즐기면서 일을 할수록 주변에 좋은 기운을 가진 좋은 사람들이 모여든다.

　회사 초창기에는 몽니스가 뭔지도 모르는 사람들이 태반이었다. 하지만 불과 2년이 지난 지금은 몽니스와 비슷한 모양의 금색 용기만 봐도 "저거 몽니스 아니야?" 할 정도로 폭발적인 호응을 얻고 있다.

　그만큼 제품에 대한 사업자들의 자신감, 회사에 대한 믿음도 커졌다. 초기에 잠깐의 방황기를 거쳐 현재 상위 직급자가 되고 리더가 된 루안의 사람들은 하나 같이 '이런 분이 네트워크마케팅을?' 이라는 생각이 들 정도로 순수한 열정을 지닌 분들이다. 그런 사람들을 보며 내 자부심도 나날이 커져만 간다.

　그동안 내 일을 적극 응원해준 남편, 함께 사업을 하고 싶을 정도로 어느덧 듬직하게 성장한 아들, 학교에 제출하는 서류에 엄마 직업난에 당당히 '네트워커' 라고 적어 내는 여고생 딸. 이러한 가족이야말로 내 삶의 가장 큰 존재 이유일 것이다. 지금 이 순간, 오늘 하루가 내 생애 최고의 행복한 날임을 믿어 의심치 않는다.

나만의 네트워크비즈니스 철학 Best 3 따라하기

1. 팔려 하지 말고 저절로 팔려나가게 하라!

제품을 남에게 팔려고 하는 것을 일반적인 영업이라고 할 수 있다. 그러나 네트워크사업이란 영업처럼 단순히 물건을 많이 팔고 끝나는 일이 아니다. 마치 제품에 발이 달린 것처럼 확산시키는 일이다.

2. 네트워크는 번호표다!

네트워크비즈니스를 선택하는 것은 은행에서 번호표를 뽑는 일과도 같다. 번호표를 뽑지 않고 그냥 간다면 기회조차 얻을 수 없지만, 일단 번호표를 뽑아 손에 쥐고 있는 사람에게는 반드시 순서가 온다.

3. 네트워크는 교육이다!

네트워크비즈니스의 핵심은 교육 사업이라는 점이다. 교육을 백년지대계라고 하는 것처럼 네트워크마케팅도 장기간의 꾸준한 교육을 통해 뿌리를 단단히 내리도록 만들어야 한다.

고나연
다이아몬드

　　몽니스를 만나기 전 화장품 방판사업에 종사하며 지사장으로서 나름대로 의 열정과 능력을 발휘했다. 몽니스를 알게 되면서 네트워크비즈니스를 처음 접하게 되었 지만 마케팅의 원리를 이해하고 나니 네트워크비즈니스야말로 평생 몸담을 수 있는 사업 임을 알게 되었고 몽니스의 제품력과 회사에 대한 신뢰를 통해 내 꿈을 펼쳐나갈 수 있으 리라 확신했다. 몽니스를 통해 사업자로서, 그리고 여성으로서 아름다운 꽃을 피울 수 있 게 됐다.

6 | 21세기는 네트워크비즈니스가 답이다

몽니스 만나기 전 화장품 방판사업 종사
'뿌리는 고기능 화장품' 찾다 운명처럼 만나

루안코리아(주)를 만나기 전, 한 화장품 방판회사에서 지사장으로 일하고 있었다. 내 열정을 바치고 사업자로서 제법 인정받을 수 있었지만, 경영의 불안정성으로 인해 어느 날 갑자기 회사가 사라져버리니 그동안 쌓아온 모든 것이 무의미해져 버리는 것이었다.

몽니스를 만나게 된 것이 바로 그 직후였다. 몇 년 일했던 회사가 하루아침에 사라져버리는 것을 목격했지만 내게는 고객들에 대한 책임감이 여전히 남아있었고, 화장품에 대한 나름대로의 안목을 그대로 썩히고 싶지 않았다.

그래서 아예 직접 법인회사를 설립하고 화장품 제조사를 찾아 좋은 제품을 개발하고자 했는데, 우연인지는 몰라도 내가 개발하고자 한 것은 바로 얼굴에 뿌리는 화장품, 간편하면서도 기존의 어떤 화장품보다 좋은 성능을 갖춘 그런 화장품이었다. 허위과대광고가 아닌 제품 자체로 성능을 증명해 보일 수 있는 화장품을 만들고 싶은 꿈이 있었다. 하지만 아무리 연구를 거듭해 보아도 만족할 만한 성능을 지닌 제품이 나오지 않아 고심하고 있었다.

그 무렵 지인이 몽니스라는 화장품을 건네주었다. 하지만 당시에는 네트워크비즈니스에 대해 잘 알지 못해 그리 긍정적인 마음이 들지 않았었다. 그런데 몽니스를 권유한 그 지인을 한 달 후 만나고 두 달 후 만날 때마다 눈에 확 띌 정도로 피부가 팽팽해지고 고와지는 것이 아닌가! 대체 어떻게 된 것인지 비결을 물어보니 그녀는 이렇게 대답했다.

"비결이요? 제가 말씀드렸잖아요. 몽니스만 계속 뿌렸다니까요?"

새로운 제품 개발이 잘 안 돼 고민하고 있었던 나는 반신반의하며 몽니스를 직접 사용해 보기로 했다. 그런데 거짓말 안 보태고, 몽니스를 얼굴에 뿌린 후 한 시간도 되지 않아 느낄 수 있었다.

'아! 이건 다르구나!'

마치 특별한 운명 같았다고 해야 할까? 몽니스는 내가 그동안 그토록 찾던 바로 그런 제품이라는 것을 직감할 수 있었다.

상대방의 입장에서 생각하는 역지사지 마케팅
정확한 정보를 통해 진심을 효과적으로 전달

써보면 바로 알 수 있는 제품! 일단 몽니스의 제품력에 대해서는 더 이상의 설명이 필요 없을 정도로 확신을 가질 수 있었다.

그렇다면 사업성은 어떨지, 과연 인생을 걸어도 될 만한 일인지 제대로 알아볼 차례였다. 방판 사업자로서의 오랜 경험을 통해, 그리고 멀쩡해 보였던 회사가 하루아침에 문을 닫는 것을 목격한 아픔으로 인해, 이제는 정말 믿을 수 있는 회사에서 능력을 발휘할 수 있는 확실한 사업을 하고 싶었기 때문이다. 나의 노력을 배반하는 다른 요소들로 인해 상처받는 경험은 더 이상 하고 싶지 않았다.

나는 네트워크비즈니스가 처음이었다. 그렇기 때문에 초반에는 마케팅의 원리와 과정을 공부하고 이해하는 데 다소 시간이 걸린 것도 사실이다.

그럼에도 불구하고 루안코리아라(주)는 회사에 대해 확신을 할 수 있었다. 그것은 바로 회사 경영진의 진실성이었다. 사업자들에 대한 진심과 헌신을 다하는 눈빛을 접하면서, '기존에 내가 알던 다른 회사들과는 다르다' 라는 생각이 들었다.

물론 처음부터 쉬웠던 것은 아니다. 처음 하는 분야다 보니 맨 처음 5개월 동안은 수입 한 푼 없이 좌충우돌하기도 했다. 또 리크루팅 과정에서 만난 사람들 중에는 아무리 제품력을 증명하고 열심히 전달해도 단지 '네트워크비즈니스' 라는 것 때문에 편견을 갖는 이들도 적지 않았다. 나는 고민에 빠졌다.

'내 마음을 전달하기 위해서는 어떻게 해야 할까?'
'사람을 설득하고 진실을 전하기 위해서는 어떻게 해야 할까?'

이때 나는 '역지사지' 의 전략을 써보기로 했다.

'내 체험, 내 생각만 무조건 전달하려 할 것이 아니라, 입장을 바꿔서 생각해 보자. 상대방의 입장에서 마케팅을 해 보자!'

그래서 그 다음부터는 상대방이 부정적인 반응을 보일 때 당황하지 않았다. 그리고 오히려 내가 먼저 상대방에게 질문을 던져보았다.

"왜 그런 생각을 하시게 된 걸까요? 당신이 부정적으로 생각하고 있는 이유를 저에게 이야기해 주시겠어요? 제가 정확히 답변해 드릴 수 있습니다."

예를 들어 상대방이 '다단계'라는 이유로 막연히 거부감을 보인다면 나는 그에 대해 하나씩 근거를 따져 정확하고 합리적인 답변을 해줄 만반의 준비가 되어 있었다. 단지 막연히 부정적인 반응을 보이는 사람들 중에는 자신이 왜 그런 의견을 갖고 있는지 사실은 자기도 잘 모르는 경우가 많았다. '왜 싫은지 모르겠지만 그냥'이라며 말꼬리를 흐리는 것이다. 그러면 나는 그때부터 네트워크비즈니스에 대한 정확한 정보를 설명해주며 비교분석을 보여주었다. 불법 다단계와 합법적 네트워크비즈니스가 어떻게 다른지 차근차근 제시했다. 무지와 오해로 인해 일부 불법 업체에 대한 부정적 인식을 가지고 있었다면, 정확한 정보를 통해 네트워크비즈니스를 투명하게 이해할 수 있도록 도와주었다.

이처럼 '역지사지'의 마케팅으로 접근하기 시작하자 비로소 실마리가 풀리기 시작했다. 몽니스를 내가 직접 쓰면서 내 얼굴을 통해 곧바로 제품력을 증명할 수 있었고, 상대방이 정확하게 이해할 수 있도록 분석하고 설명하는 마케팅으로 접근하자 사업성 또한 누구에게나 증명할 수 있었다. 그때부터 비로소 사람들이 나의 진심을 믿어주기 시작했다. 나는 날개를 단 듯 신나게 사업을 할 수 있게 되었다.

여성사업자로서 홀로서기에 성공한 자부심
몽니스의 인본주의적 진실성에 감동 받아

방판사업을 하기 전에는 평범한 가정주부였다. 남편 뒷바라지하고 아이들 키우는 것밖에 모르는 아줌마였다.

그러나 암으로 투병하던 남편과 사별하면서 내 인생에 시련이 다가왔다. 여자 혼자의 몸이 되었지만 내 아이들을 위해서는 절망에 빠져 있을 수 없었다. 두 아이들이 아빠 없는 애들이란 소리를 듣지 않도록 오히려 당당하게 훌륭히 키워내고 싶은 마음이 간절했다. 오직 나에게만 의지하는 아이들을 위해 부끄럽지 않은 엄마가 되고 싶었다.

그런 이유로 사업의 길을 걷기 시작했다. 맨 처음엔 기능성 속옷을 판매하는 방판사업에 뛰어들었고 몇 년 후에는 아이템을 바꿔 화장품회사에 도전했다.

나는 성공 자체가 목표는 아니었다. 오직 아이들의 미래를 위해 팔 걷어붙이고 뛰어다니며 열정을 다했더니 의외로 사업자의 적성이 맞는다는 걸 알 수 있었다. 일단 하겠다고 마음을 먹으면 물불 안 가리고 뛰어드는 기질을 가지고 있었다. 돈을 얼마를 벌거나 얼마나 성공해야 한다는 생각보다는 그저 열심히 하다 보니 최고의 자리에 오를 수 있었다. 그래서인지 나는 아이들에게 '공부 열심히 해라'라는 말을 한 번도 해본 적이 없다. 엄마가 열심히 일하고 열심히 사업하는 모습을 보여주는 것만으로 더 이상 공부하라는 말을 할 필요가 없었던 것이다.

고맙게도 두 아이들 모두 잘 성장해 주었다. 대학을 마치고 대기업에 들어가 제 몫을 톡톡히 해내고 있다. 홀로 아이들 키워내며 사업가로서 성장하기까지 힘들고 어려운 시간도 많았지만, 잘 자라준 아이들을 보면 대견하고 자랑스러울 따름이다.

아이들을 보며 엄마 된 보람을 느낀다면, 사업가로서의 보람을 진정으로 느끼게 해준 계기는 바로 몽니스를 만나고 루안코리아(주)에 몸담게 된 것이다.

예전에는 방판사업을 하면서도 늘 미래에 대한 불안감을 갖고 있었다. 회사의 시스템과 경영이 불안하면 언제 무슨 일이 닥칠지도 모른다는 것을 체험을 통해 뼈저리게 배웠다. 그런데 루안의 사업자가 된 후부터는 그런 불안감 한 점 없이 나도 모르게 이런 생각을 하게 되었다.

'여긴 내가 평생 일할 회사, 이 사업은 내 삶을 평생 맡길 수 있는 사업!'

네트워크비즈니스를 제대로 이해하고 나니 네트워크야말로 오늘날 누구나 자기 인생을 걸어도 될 만한 사업이라는 것을 알 수 있었다. 더구나 루안코리아는 문을 연지 얼 마 안 된 신생 기업임에도 불구하고 지금까지보다 앞으로의 비전과 사업성이 더욱 창창한 회사라는 믿음을 안

겨주었다.

사업자로서 가장 높이 평가하는 것은 바로 이런 '믿음'이다. 당장의 이익보다 사업자들 한 사람 한 사람을 모든 것의 중심에 두는 회사의 철학이 지금의 루안을 존재하게 했다고 생각한다.

사업을 하면서 가장 중시하는 것은
겸손, 정직, 그리고 '가치'를 전달하는 것

"어떻게 해야 성공할 수 있나요?"

네트워크비즈니스에 처음 시작한 사람들이라면 어떻게 해야 성공할 수 있는지에 대한 목마름이 큰 것이 당연할 것이다. 이런 질문 앞에서 나는 '1~2년 해보다 그만 둘 일이라 생각하지 말고 평생 하는 사업이라고 생각하라'는 말을 한다.

나는 루안을 통해 네트워크비즈니스를 처음 접한 사람이기 때문에 오히려 더 자신 있게 말할 수 있다. 네트워크비즈니스는 누구나 도전할 수 있는, 21세기에 가장 잘 어울리는 미래형 사업이라고.

특히 루안코리아(주)에는 루안 이전에 네트워크비즈니스를 오랜 세월 경험한 직급자 분들도 있지만 전혀 다른 분야에 종사하다가 루안에서 네트워크를 처음 경험하여 성공한 사업자들의 비율이 적지 않다. 그런 비율이 타 회사에 비해 월등히 높은 편이고 나 역시 그런 케이스라고 할 수 있다.

그동안 사업자로서 한 걸음씩 성장하는 가운데 나는 다음과 같은 점들을 중시하게 되었다.

첫째, 정직과 성실이 전부다.

네트워크비즈니스는 기본적으로 '열심히 노력하는 사람을 돕는' 사업이다. 그래서 지금 당장 사업 테크닉이나 노련함은 조금 부족할지라도, 이 일을 평생 할 천직으로 여기고 정직하게 성실성을 다하는 사람들이 결국은 성공한다.

둘째, 겸손함을 잃지 말아야 한다.

나는 루안에 몸담기 전에도 오너이자 리더의 자리에 있어 보았다. 그런데 진정한 리더로 남으려면 과거에 1등을 했다는 자만심보다는 나 자신을 계속해서 낮추는 겸손함을 갖춰야 한다는 것을 알게 되었다. 왜냐하면 한 번 리더의 자리에 가게 되면 자칫하면 남들 눈에 자만하는 것처럼 보이거나 시기와 질투의 대상이 될 수 있기 때문이다.

네트워크비즈니스의 진정한 리더로 성장하기 위해서는 자신을 돌아보고, 매사에 모범이 되고, 늘 겸손할 줄 알아야 한다. 남에게 명령하고 지시하는 리더가 아니라 함께 손잡고 같이 나아갈 수 있는 행동과 언행을 갖춰야 한다.

셋째, 네트워크비즈니스는 1퍼센트의 가능성을 가진 100명의 사람이 모여서 성공하는 사업이다.

흔히 성공하는 사람들이라고 하면 남보다 뛰어나고 잘 난 극소수의 사람들이라고 생각할 것이다. 그러나 네트워크비즈니스는 다르다. 100퍼센트의 가능성을 가진 1명이 성공하는 것이 아니라, 1퍼센트의 가능성만 가지고 있더라도 그런 사람들 한 사람 한 사람이 100명이 되고 1000명이 되어 함께 성공을 이룰 수 있는 것이 네트워크비즈니스의 시스템이다.

넷째, 파트너는 나의 생명줄과도 같다.

네트워크비즈니스는 사람을 중심에 두고 사람을 중시하는 사업이다. 그래서 첫째도 인간관계, 둘째도 인간관계, 셋째도 인간관계이다. 나 혼자 성공하는 것이 아니라 파트너가 성공해야 내가 성공하는 사업이다. 파트너가 내 마음을 알아줄 때까지 인내하는 것, 내 마음이 전달될 때까지 기다리는 것이 중요하다. 파트너를 나의 생명줄처럼 여기고 끊임없이 의사소통해야 한다. 그리고 스폰서가 무조건 파트너에게 밥을 떠먹여주는 것이 아니라 파트너들로 하여금 스스로 밥을 떠먹는 방법을 익힐 수 있도록 도와줘야 한다.

몽니스를 만나 사업가로서 꽃을 피우고
소중한 인연을 통해 행복을 꿈꾸게 돼

몽니스를 사용하고 나서 예전보다 훨씬 젊어지고 활기차게 변했다. 나의 변한 모습을 보고 친구들은 가끔 이렇게 묻곤 한다.

"어떻게 이렇게 젊어질 수가 있어? 분명 뭔가 비싼 시술을 받았을 거야, 그치?"

"몽니스만 발랐을 뿐이라니까!" 라고 말해줘도 반신반의하는 사람들이 있었다. 그때부터 나는 태도를 바꿔서 빙긋이 웃으면서 "시술? 받았지. 아주 특별한 걸로."라고 대답했다. 대체 어디서 얼마짜리를 받았느냐고 상대방이 물으면 말없이 몽니스를 내밀었다. 더 이상의 설명이 필요 없었다.

나는 이것이 몽니스의 특별한 '가치' 임을 믿어 의심치 않는다.

이 세상에는 비싼 화장품도 많고 화려한 광고모델과 장황한 기능을 내세운 좋은 화장품도 참 많다. 하지만 몽니스는 사람의 얼굴을 '치유'

시켜준다는 점이 특별하다. 단순히 이런저런 좋은 기능을 갖고 있는 데서 그치는 것이 아니라 얼굴을 건강하게 되돌려주고 젊음을 복원시켜주는 기능을 가지고 있다. 화장품 업계의 고질적 병폐인 겉만 번지르르한 허위광고가 아닌, 오로지 정직한 기능을 통해 소비자의 기대심리를 진실하게 충족시켜준다.

'천연'이라는 모토를 갖고 사람 자체를 중시하는 제품, '인본주의적 철학'을 갖고 있는 제품이라는 것에 몽니스의 특별함이 있다. 이러한 가치를 진심을 다해 전달하는 것이다.

네트워크비즈니스의 빼놓을 수 없는 장점은 여성에게 꿈을 선사하는 일이라는 점이다. 학력과 경력에 상관없이 나이가 들어서도 자신의 장점을 발휘하며 평생 할 수 있는 일이기 때문이다. 나는 몽니스를 만나 더 크게 성장하며 인생의 꽃을 피울 수 있게 되었다. 또 하나 빼놓을 수 없는 감사한 일은 사업 파트너로 함께 일하며 알게 된 소중한 인연과 새로운 가약을 맺게 되어 여성으로서 더욱 행복스러운 미래를 설계할 수 있게 되었다는 점이다.

장차 개인적인 바램이 있다면 앞으로 더 성장하여 내가 선사받은 것을 사회에 환원하고 고아원과 양로원을 설립하여 어려운 이웃들을 돕고자 하는 것이다. 사업가로서나 여자의 삶으로서나, 여러 모로 몽니스는 내 인생의 특별한 운명과도 같다.

네트워크 마케터의 성공 체크포인트 4가지

1. 파트너는 생명줄과 같다.

네트워크비즈니스는 인간관계에 성공 여부가 달렸다고 해도 과언이 아니다. 그 중에서도 파트너의 성공을 나의 성공과 동일시하고 많은 파트너들과 끊임없이 소통해야 한다.

2. 리더의 겸손함을 잃지 말자.

진정한 리더로 성장하기 위해서는 항상 겸손함을 잃지 않는 것이 중요하다. 아무리 직급이 오르더라도 명령형, 지시형 리더가 아닌 함께 손잡고 일하는 리더가 되어야 한다.

3. 성실성으로 승부하자.

네트워크비즈니스는 '열심히 노력하는 사람을 돕는' 사업이다. 평생에 걸쳐 이 사업을 하게 될 것임을 믿고 우직하게 성실하게 일하는 사람들이 성공한다.

4. 제품의 가격이 아닌 가치를 전달하라.

이 세상에 좋은 제품은 많다. 상대방에게 내가 전달하는 제품의 특별함을 알리기 위해서는 가격이나 기능만이 아니라 이 제품이 지닌 특별한 가치를 전달할 수 있어야 한다. 가치 전달이야말로 리크루팅의 핵심이다.

서진숙
다이아몬드

　중국에서 17년간 지내며 사회복지와 선교사업 분야에 종사하다 귀국한 후 몽니스를 통해 네트워크비즈니스를 처음 접했다. 네트워크가 뭔지 모르고 영업도 처음이었지만 그래서 오히려 더 편견 없이 일할 수 있었다. 인맥도 없고 서투른 점도 많았지만 사람에 대한 성실함과 믿음, 원칙과 도리를 지키자는 마음으로 기본부터 하나씩 쌓아 여기까지 왔다. 차별화된 해외 마케팅 전략을 구사하여 글로벌 진출의 교두보를 마련하는 데 보람을 느끼고 있다.

7 | 몽니스 사업 차별화 전략에 승부를 걸다

사회복지 연구원과 신학에 종사
네트워크도 모르고 인맥도 거의 없어

"외국생활을 오래 하셔서 잘 모르시겠지만……. 한국사회에서는 조심해야 할 것들이 많습니다. 그중 하나가 불법 피라미드이지요. 제발 그쪽 일은 멀리하셔야 합니다. 선생님은 그저 공부와 연구에만 몰두하십시오. 아시겠지요?"

모두들 내 손을 붙들고 간곡하게 설득했다. '그 일'은 절대 하지 말라고. 큰 일 난다고.

'그 일'이란 네트워크마케팅을 가리키는 것이었다. 그도 그럴 것이, 사업차 가족과 함께 중국에서 17년간 거주하다 한국에 돌아온 지 얼마 안 되었을 때여서 우리나라 물정에 밝지 못했기 때문이다.

네트워크에 대해 접해본 적도 없었다. 남들이 암웨이 세제가 좋다고 하기에 사서 써본 적은 있었어도, 우리나라에서 불법 다단계니 피라미드니 하는 것들이 사회문제가 되었다는 사실도 거의 몰랐을 만큼 순진했다.

네트워크는 인맥이 중요하다지만, 중국에서 17년을 거주하다 돌아왔으니 한국에 이렇다 할 인맥이 있을 리 없었다. 국제신학대학원에서 사회복지 연구원이었기 때문에 할 줄 아는 거라곤 연구와 교육밖에 없었고, 국내에서 아는 사람이라곤 학교 교수님과 목사님들 외에는 거의 없었다.

그분들 입장에서는 행여나 물정 모르는 내가 귀국하자마자 불법적인 회사에 연루되어 피해를 입지 않을까 염려하시지 않을 수 없었고, 몸소 달려와 나를 '구출' 해 주시려는 절실한 마음이 가득하셨던 것이다.

밤샘 작업으로 악화되던 건강과 피부
병원 치료로도 고쳐지지 않아 고민

중국에서 나는 신학과 사회복지에 기반을 두고 제법 적지 않은 규모의 선교 사업을 남편과 함께 펼치고 있었다. 그리고 한국에 돌아와서는 사회복지 분야의 논문 작업에 몰두하였다.

맨 처음 루안코리아라는 회사를 알게 된 것은 지인의 소개로 인해서 였는데, 당시 루안은 몽니스 화장품을 주력 상품으로 내걸기 직전의 아주 초창기 단계로서 IT솔루션 광고 사업을 하는 회사라고 알고 있었다. 중국에서 선교 사업의 일환으로 꽤 큰 사업체를 경영할 때부터 나는 IT 광고 쪽에도 관심을 갖고 있었다. 그래서 루안을 처음 만났을 때는 오히려 그쪽에 메리트가 있는 회사라고 느꼈었다.

몽니스 에센스 화장품을 알게 된 건 그로부터 얼마 후였다. 루안에서 야심차게 내세운 단일 제품인데, 뿌리기만 하면 모든 과정이 한 번에 해결되는 데다 효능이 탁월한 화장품이라는 것이다.

솔직히 처음에는 믿을 수 없었다.

원래 여자들은 낯선 브랜드에 대한 이질감이 강하고 특히 피부에 바르는 거라고 하면 매우 조심하게 돼 있다. 피부에 바르는 것이야말로 100퍼센트 믿을 수 있어야 하기 때문이다. 나 역시 선뜻 믿기보단 의심 부터 하였다.

나는 해외생활을 오래 하면서 면세점을 활용할 일이 잦았기 때문에 해외 명품 브랜드의 화장품을 주로 애용해왔다. 그래서 기초는 어디 브랜드, 색조는 어디 브랜드 하는 식으로 내 나름의 선호도가 굳어져 있었다.

또 중국에서 오래 살면서 오히려 중국 제품과 낯선 제품에 대한 불신감이 커져 있었다. 그래서 몽니스를 처음 접했을 때도 무턱대로 발라보고 싶은 마음은 별로 생기지 않았다.

여름에도 스카프를 두를 정도로 피부 콤플렉스
몽니스 사용 후 치유효과에 깜짝 놀라

그 무렵 대학원의 논문 작업 등으로 인해 밤새워 자료를 들여다 볼 일이 많고 과로하는 날이 이어졌다. 눈도 침침하고 건강도 안 좋아지면서 피부 트러블이 자주 생겼다. 늘 책상 앞에서 고개를 숙이고 논문을 들여다봐서 그런지 목에 잔주름도 많이 생겼다. 안색도 안 좋아질뿐더러 흔히 '쥐젖'이라고 부르는 비립종이 얼굴과 목덜미 여기저기에 돋아 스트레스를 받았다.

여름에도 목에 스카프를 두르고 다녀야 할 정도로 악화되고 피부에 대한 콤플렉스도 커진 지 오래였다. 강남의 유명하다는 피부과도 가봤지만 치료해도 재발된다는 말에 마음이 힘들었다.

어느 날 화장대 위에 내버려뒀던 몽니스 에센스를 꺼내어, 처음부터 얼굴에는 못하고 목에만 뿌려보기 시작했다. 뿌리면서도 큰 기대는 하지 않았다.

'이깟 화장품 하나 뿌린다고 뭐가 달라지겠어?'

이렇게 생각하며, 어차피 얼굴이 아닌 목에 뿌리는 거니까 밑져야 본전이라고 생각했다.

그렇게 한 달쯤 지났을까?

어느 날 밤늦게 책상에서 논문을 들여다보고 있는데, 무심코 목덜미를 만지던 중 뭔가 느낌이 이상했다. 오톨도톨하게 트러블이 있던 부위에서 매끈한 감촉이 만져지는 것이 아닌가! 벌떡 일어나 불을 환하게 켜고 거울 앞에서 목을 이리저리 살펴보니 과연 쥐젖과 피부 트러블이 눈에 띄게 줄어들어 있었다.

내 눈을 의심하지 않을 수 없었다. 그런데 그 무렵부터 나를 만나는 사람들이 입을 모아 이런 이야기를 해주는 것이었다.

"어머나, 목이 뽀얗고 깨끗해졌어요!"

물어보지도 않았는데 남들이 먼저 내 변화를 눈치 챘다. 피부 트러블뿐만 아니라 잔주름도 훨씬 줄어들었다는 것이다.

그때부터 비로소 얼굴에도 주저 없이 뿌릴 수 있게 되었다. 그리고 몽니스의 사업자 이전에 열혈 애호가가 되어버렸다.

네트워크에 대한 무경험이 오히려 장점
인간관계에 대한 신뢰와 원칙주의 밀고 나가

하지만 아무리 몽니스 제품이 좋다 하더라도 내겐 네트워크 사업에 도전하는 데 있어서 남들보다 핸디캡이 많았다.

우선 네트워크마케팅이라는 것 자체를 잘 몰랐다. 선교 관련 사업체 운영을 해본 적은 있었어도 직접 현장에서 뛰는 영업이라는 걸 해본 적은 없었다. 게다가 돈을 추구하는 마인드보다는 신학을 공부하고 가르치는 교육자이자 종교인으로서의 마인드가 강했다. 앞서 이야기한 것처럼 한국의 인맥이 거의 없다는 점도 큰 약점이 될 수 있었다.

그래서 처음에는 어려움도 많았다. 이론으로 배운 것과 현장에서 경험하는 것들이 달라 당황하기도 하고, 사람과 사람 간의 관계에 있어서 상처받은 적도 있었다.

그 전까지 내가 알던 세계는 사람과 사람의 만남 자체를 소중히 하는 세계였지만, 네트워크의 세계는 아무래도 이익이 개입되는 세계다 보니 낯설게 느껴졌다. 대학의 강단에서 학생들에게 인간관계론이며 리더십에 대해 강의를 하던 나였지만, 네트워크 사업을 시작하고 나서는 이론과 현실이 같지 않음을 깨닫기도 했다.

하지만 네트워크마케팅을 처음 해보는 무경험과 무지가 오히려 장점으로 발휘되었다. 일단 다단계에 대한 한국사회 특유의 편견이 없어서 더욱 순수하게 원칙적으로 다가갈 수 있었고, 편견이 없다 보니 나만의 인생철학을 고집스럽게 밀고 나갈 수 있었다.

사업가이기 이전에 두 아이의 엄마이기도 한 나는 아이들을 키우면서 늘 입버릇처럼 했던 말이 있었다.

첫째, 거짓말하는 사람이 되지 말자.
둘째, 약속을 꼭 지키는 사람이 되자.
셋째, 어려운 사람에게 등을 보이지 말자.

이 3가지는 나의 변함없는 인생 지침이기도 하였다. 힘든 순간이 닥칠 때마다 나는 아이들에게 하던 이 말들을 나 스스로에게 되뇌었다. 그리고 사람 때문에 힘들 때면 이렇게 생각하기로 했다.

'내가 먼저 인간적 도리를 지킨다면 저 사람들도 언젠가는 내 진심을 알아주겠지.'

내가 가진 원칙주의적인 성격은 회사의 마인드와도 부합했다. 한 번한 약속을 반드시 지켜내려 하는 오너의 마인드, 당장의 영리를 취하기보다는 사업자들에게 성공의 비전을 먼저 만들어주고 장차 글로벌로 나아가겠다는 방침, 사업자들을 진실 되게 존중해주고자 하는 마음을 보고 감명을 받았다.

그래서 힘들어도 중도에 포기하지 않을 확신을 얻을 수 있었던 것이다. 2년이 지난 지금은 자신 있게 이야기할 수 있다. 나 같은 사람도 성공할 수 있다고.

동남아시아의 전문직과 최상류층 겨냥
고급화, 차별화된 해외 마케팅 전략

인맥도 부족하고 네트워크를 해본 경험도 없던 내가 성공할 수 있었던 건 차별화된 마케팅 전략을 발굴했기 때문이다. 요즘 나는 한 달 중반 이상은 외국에 나가 있을 정도로 해외 마케팅에 주력 중이다. 해외의 현지에서 고급화 전략으로 사업을 확장하고 있다.

예전에 중국에서 사업체를 경영할 때 중국뿐 아니라 동남아시아 각국의 빈부격차에 대해 내심 놀랄 때가 많았다. 우리나라 사람들의 통념과 달리 동남아시아 각 나라의 최상류층은 가난한 계층과는 비교 자체를 할 수 없을 정도로 막강한 부를 축적하고 있다. 돈을 쓰는 규모도 크고 특히 상류층 여성들은 아름다워지는 것에 대한 관심이 지대하다. 나는 바로 이 부분에 착안하였다.

우선 국내 리크루팅 대상자들을 병원이나 피부클리닉 등 주로 특정 분야 전문가들과 리더들 위주로 선정하였는데, 이 과정에서 몽니스가 지닌 천연 고기능성 화장품으로서의 제품력을 인정받을 수 있었다.

그리고 해외에서 마케팅을 할 때 이 점을 강조하며 접근하였다. 현지의 피부과와 성형외과 등 의사협회, 그리고 기업체 리더와 전문가들을 대상으로 하여 홍보를 하고 매스컴도 적극 활용했다. 한국의 병원과 클리닉에서 당당하게 인정받고 있는 제품임을 적극 어필했다. 의학과 미용 분야의 컨벤션 등을 통해 학술 세미나 형식으로도 다가갔다.

막연히 불특정 다수의 일반인들에게 '이 화장품이 좋다'고 선전한 것이 아니라, 주로 상류층과 전문가들을 중심으로 몽니스를 정말로 소비할 만한 시장을 공략해 기반을 만든 것이다. 이처럼 고급화 전략을 활용하고, 중국에서의 사업 경험을 되살려 나만의 노하우를 발휘하였다.

나는 네트워크마케팅이라는 것이 단순히 물건을 많이 판매하거나 많은 사람에게 퍼트리는 것만이 답이 아니라고 이야기하고 싶다.

남보다 부족한 점이 있다면 부족한 점을 오히려 강점으로 만들면 된다. 모르면 배우면 된다. 그리고 내가 남들보다 잘 할 수 있는 부분을 창의적으로 찾아내면 된다.

네트워크는 단단한 고리가 모이는 것
원칙과 도리를 지키는 성실성이 중요

나는 "네트워크마케팅은 쉬운 일입니다."라고 말하려는 것이 아니다. 누구나 도전할 수 있는 일인 것은 맞지만, 그냥 단순히 쉽게 돈을 벌 수 있을 거라고 생각하면 오산이다.

우리나라의 선수란 선수가 전부 모여 있는 치열한 현장이 바로 네트워크비즈니스 시장일지도 모른다. 수많은 사람과 사람이 부딪치는 현장이기 때문에 사람으로 인해 상처받는 일도 얼마든지 있을 수 있다.

성실하지 못한 사람도 있고, 남을 이용하기만 하려는 사람도 있고, 요구만 많은 사람도 있다. 남을 인신공격하는 사람도 있고, 원칙을 지키지 않고 허세만 가득한 사람도 있다. 진심을 다해 서포트해 줬는데 뒤도 안 돌아보고 떠나는 사람들도 있을 수 있다.

그런 다양한 사람들을 적잖이 접하면서 나는 '네트워크의 본질을 지키는 게 가장 중요하다' 는 생각을 하게 되었다.

네트워크의 본질에는 여러 가지가 있겠지만 그중에서도 나는 '고리'라고 생각한다. 하나하나의 고리가 단단하게 끼워져야 전체의 네트가 튼튼해질 것이다. 고리를 단단하게 끼우는 힘은 사람에 대한 신뢰와 책임에서 나온다. 신뢰와 책임 없이는 네트가 짜일 수 없다. 질서와 도리, 원칙을 지키고 서로 믿고 협조하는 사람들만이 자기 자신도 커지고 회사도 키워주는 큰 리더가 될 수 있을 것이다.

나는 아무 것도 없는 악조건과 '꼴찌'의 위치에서 시작했다. 그래서 요령도 부족하고 약삭빠르지 못했을지도 모른다.

하지만 '물건 많이 파는' 혹은 '사람을 잘 물어오는' 사람이 아니라 많은 이들에게 진정으로 박수를 받을 수 있는 성공자가 되겠다는 비전을 갖고 있다. 앞으로 최고 직급자가 되기 위해서는 나의 파트너들도 정상에 함께 가야 할 것이다. 그때까지 원칙과 신뢰를 잃지 않는 리더로 우뚝 서고 싶다.

_필리핀 성형외과, 피부과,
의사협회에서 주관하는
컨벤션 행사 후 기념촬영

무궁무진한 부를 창출하는 원리는 여기에 있다

- 무자본 무점포의 원리

자영업 등 사업을 하려는 사람들의 가장 큰 난관이 자본금이다. 그러나 네트워크비즈니스는 많은 자본을 필요로 하지 않는다. 최소한의 자본이 필요한 부분은 사업 전개에 들어가는 비용 정도이다. 점포가 필요 없는 무점포 사업인 만큼 점포에 들어가는 비용도 들지 않는다. 모든 관리 비용 일체는 회사에서 제공하고 재고 부담도 회사에서 진다.

- 시간 활용의 원리

현재 다른 직업이 있다 하더라도 투잡으로 시작할 수 있다. 직장 출퇴근의 개념으로 일하는 것이 아니고, 일반 자영업처럼 점포 관리를 위해 나가 있어야 하는 것이 아니므로 시간 활용을 할 수 있다. 일정 궤도에 오르면 하루 3~4시간 투자만으로도 충분히 사업을 진행하게 된다. 대개 처음에는 부업으로 시작했다가 어느 정도 지나 전업으로 전향하는 경우가 많은 것도 이 때문이다.

- 윈윈의 원리

모든 사업의 실패 요인 중 하나는 경험 부족이다. 하지만 네트워크비즈니스는 기본적으로 서로가 경쟁 상대가 아닌 협력 관계에 있는 윈윈 시스템이다. 그리고 경험 많은 사람이 경험 없는 사람을 도와주는 멘토 체제를 지향한다. 사업을 처음 시작하더라도 어느 정도 자리를 잡을 때까지는 경험자들의 적극적인 도움을 받을 수 있다. 네트워크비즈니스는 상대방을 성공시키는 것이 자신의 성공으로 이어지는 사업이다.

- 무차별의 원리

대한민국은 학벌 사회로서, 학력과 학벌에 대한 차별이 심하다. 그러나 네트워크비즈니스는 학력과 학벌과 상관없이 누구나 할 수 있는 사업이다. 바른 인성과 신뢰로 서로가 함께 하면 누구나 리더가 될 수 있다. 또한 네트워크비즈니스는 18세 이상이면 누구나 할 수 있으며, 퇴직의 개념이 없다. 나이와 성별의 제한이 없어 누구나 언제 시작해도 할 수 있다. 학벌, 나이, 성별의 차별이 없는 거의 유일한 사업이 바로 네트워크비즈니스이다.

_필리핀 한인 무역협회와
(재)필리핀 한인부인회
공동 주최 행사장에서

방미영
에메랄드

　나이팅게일을 꿈꾸던 간호사에서 결혼 후 주부로, 그 후 방판을 거쳐 한 외국
계 네트워크 회사에서 경험을 쌓았다. 리더 사업자가 되어 아시아의 8,000명 리더 중 4위
에 오를 정도로 능력을 인정받았지만, 외국계 회사의 제도적 한계를 깨달으면서 이제는
탄탄한 시스템을 가진 좋은 국내 회사를 원하게 되었다. 루안을 만나고부터는 안정적인
시스템을 통해 파트너들과의 동반 성장을 믿어 의심치 않으며 하루하루 행복하게 일하고
있다.

8 | 인내의 시간 끝에 아름다운 날개를 펴는 나비처럼

외국계 네트워크 회사에서 리더로 승승장구
하지만 제도적 한계로 행복감 못 느껴

 루안을 만나기 전에 네트워크마케팅을 처음 접한 것은 한 외국계 화장품 회사를 통해서였다. 오랜 역사를 가진 그 회사에서 7년간 일하면서 네트워크마케팅의 매력에 빠졌다. 앞만 보고 열심히 달린 끝에 아시아 리더 8,000명 중 4위에 등극할 정도로 나름대로 능력을 인정받을 수 있었다.

 그런 회사에 사표를 내고 루안코리아라는 신생 토종 네트워크 회사를 선택했을 때 사람들은 의아해 했다. '왜?' 냐고.

 물론 그곳에서의 7년의 경험을 통해 네트워크가 내 삶의 새로운 기회가 되어줄 수 있다는 희망을 실현할 수 있었다. 하지만 어느 순간부턴가 한계를 느끼기 시작했다. 그 한계라는 것은 나 자신의 한계라기보다는 내 힘으로 어쩔 수 없는 부분의 한계였다.

지난 7년간 수많은 사람들이 왔다가 떠나는 모습을 보면서 점점 깨달은 게 있었다.

'이제는 더 이상 당장의 매출 자체가 아닌 미래의 비전을 내다봐야 하지 않을까? 내 파트너들을 모두 행복하게 해줄 수 있는 리더가 될 수 있어야 하지 않을까?

이런 내 고민을 이 회사가 해결해줄 수 있을까? 아닌 것 같았다.

좋은 제품을 지닌 좋은 회사이긴 했지만 사실상 좋은 화장품은 그곳 아닌 다른 데서도 수없이 쏟아져 나오고 있다는 시장의 한계성도 있었다. 그리고 수당이나 직급 체계 같은 근본적인 시스템에 대해서도 한계가 보이기 시작했다. 무엇보다도 외국계 회사다 보니 사람들 하나하나를 모두 성장시키려 하기보다는 사람을 숫자로 보고 매출의 결과로 볼수밖에 없는 책임감이 부재하는 오너십에 대해서도 아쉬움이 남았다.

그래서 언제부턴가 이런 의문이 들기 시작했다.

'내가 이곳에서 최고 직급에 오르고 나서도 과연 행복한 리더로 남을 수 있을까?'

나는 나와 내 파트너들이 함께 성장하여 다 함께 행복해지고 싶었지만 그곳에서는 그럴 자신이 없었다. 그래서 미련 없이 다 내려놓고 그곳을 떠났다.

내가 네트워크마케팅을 하는 이유는
나 혼자만이 아니라 함께 행복해지기 위해

내 삶에는 변화의 순간들이 몇 번 있었다.

나는 늘 편안한 삶보다는 가치 있는 삶이 무엇인가에 대해 꿈꾸었다. 현실에 안주하려 하지 않았고, 현재의 상태에서 뭔가 답이 보이지 않으면 반드시 해결책을 찾기 위해 고민했다. 그리고 고민의 답이 나오면 망설임 없이 실행했다.

결혼 전에는 아픈 사람들을 돕는 나이팅게일이 되기를 꿈꾸던 간호사였다. 하지만 간호사로 3년간 일하면서 나의 이상과 현실이 다르다는 걸 깨닫고 점차 실망하게 되었다. 야근과 격무에 지쳐있는 선배 간호사들의 모습에 내 미래는 보이지 않았다. 사람들을 돕는 보람과 사명감보다는 그저 생계 때문에 하루하루 일하는 모습을 보면서 이건 내가 꿈꾸던 나이팅게일의 삶이 아니라고 느꼈다.

결혼과 함께 간호사를 그만 둔 후로는 가정을 꾸려나가는 주부로서,

그러나 헌 곳에 안주하는 나의 삶이 만족스럽지는 않았기 때문에 아이에게 좀 더 좋은 것을 주고 싶은 마음에 새로운 일에 도전하고 싶었다. 시작할 땐 두려웠지만 미래에 대한 희망과 함께 용기를 낼 수 있었다. 그래서 그 후 의류와 속옷을 판매하는 방문판매 사원 및 방판의 총판 사업을 하던 중 네트워크비즈니스를 알게 되어 7년간 질주한 것이다.

사표를 내고 나서 한동안은 네트워크를 다시 하는 것에 대해 회의적이었다. 네트워크마케팅이라는 것을 처음 접했을 때와 달리, 이제는 이일이 내 이익만이 아니라 다른 사람들의 인생을 책임져야 하는 일이라는 걸 알았기 때문이다.

루안을 선택한 3가지 이유
차별화된 제품력, 합리적인 보상플랜, 오너십

네트워크마케팅이 적성에 잘 맞고 능력도 인정받았던 만큼 일을 다시 잘할 자신은 얼마든지 있었다. 그리고 그동안의 경험을 통해 이제는 네트워크비즈니스가 더욱 사회적 대세가 되는 시대가 왔다는 걸 확신했다. 다만 내가 느꼈던 제도적 한계가 보완된 멋진 회사를 만날 수 있다면 얼마나 좋을까 하는 아쉬움이 마음 한 구석에 남아 있었다.

그런 와중에 몽니스라는 제품을 통해 알게 된 루안코리아라는 회사는 마치 나의 갈증을 해소해주는 듯한 장점들을 지니고 있었다.

우선 제품 자체가 탁월했다. 효능과 간편함을 모두 갖춘 제품력을 보고 '이건 되겠다'는 느낌이 왔다. 다음으로 회사의 시스템과 보상 플랜을 알아보니 타 회사에서 느꼈던 한계와 폐단이 모두 보완되어 있음을 알 수 있었다. 또한 오너의 강연을 들으면서 직감했다. "사업자 한 사람 한 사람의 눈동자를 볼 때마다 책임감을 느낀다"라는 말씀을 듣는 순간 내가 찾던 오너십과 부합한 분이라고 느껴졌다. 이곳에 서라면 정말 파트너들과 함께 재미있게, 행복하게 일할 수 있겠다는 확신이 들었다.

내가 찾아 헤매던 희망과 비전을 갖춘 곳. 나는 루안에서의 새 출발을 미련 없이 선택했다. 좋은 시스템 덕분에 전처럼 쫓기는 기분이 아닌 진정한 만족감을 느끼며 일할 수 있게 됐다. 지금은 천안을 기점으로 전국을 무대로 하여 활동 중인데, 특히 우리 그룹은 30~40대 여성들이 주축이 된 젊고 활기찬 그룹으로 무섭게 성장 중이다.

네트워크마케팅은 미래를 위한 최고의 전문직
나무를 키우듯 뿌리를 튼튼하게 만들어야

네트워크비즈니스는 평범한 사람 누구에게나 기회를 주는 거의 유일한 일이라고 생각한다. 나이가 몇 살이건, 전에 무슨 일을 했건 누구나 도전할 수 있는 일이다. 돈만이 아니라 비전을 제시하고 자신의 미래를 꿈꾸게 해주는 사업이다.

하지만 쉽게 생각해도 된다는 뜻은 아니다. 네트워크비즈니스는 그 어떤 일보다도 수준 높은 전문직이기 때문이다.

무슨 일을 하건 전문성을 갖추려면 훈련 기간이 필요하다. 그래서 사업을 시작하자마자 돈부터 벌려고 안달하기보다는 마치 대학에 입학한 것 같은 마음가짐을 갖고 시간을 들여 배워나가겠다는 의지가 있는 사람이 성장한다.

나는 네트워크란 나무를 키우는 비즈니스라는 이야기를 자주 한다. 나무가 크게 자라려면 뿌리가 튼튼해야 한다. 뿌리가 튼튼해야 줄기가 뻗고 꽃을 피우고 열매를 맺을 수 있고 비바람이 불어와도 흔들리지 않는다.

등록만 하면 무조건 큰 돈을 벌 수 있다는 유혹은 마치 겉만 화려한 꽃꽂이와 같아서 조금만 건드려도 쓰러진다. 겉보기엔 그럴 듯하지만 생명력이 금방 끝날 것이기 때문이다. 하지만 묘목 때부터 뿌리를 튼튼히 내린다면 큰 나무로 성장할 수 있다. 그래서 성장과정을 인내할 수 있어야 한다.

고객이 제품을 재구매하기 위해서는 그 제품이 살 만한 가치가 있는 것이어야 할 것이다. 그런 것처럼 네트워크비즈니스를 자신의 삶의 가치 있는 비전으로 만들고 장기간 지속해 나가려면 돈보다 미래를 꿈꾸는 자세가 중요하다. 꿈이 살아있는 사람이 결국 성공하고 최고의 자리에 오른다.

미래를 꿈꾸는 긍정 에너지가 있는 사람, 생각이 멋진 사람, 마음이 부자인 사람. 네트워크마케팅은 이런 사람들에게 반드시 길을 보여준다.

인정받는 아내, 멋진 엄마여서 더 행복
믿고 지지해준 가족이 큰 힘이 돼

평범한 주부로서 네트워크마케팅에 도전하여 리더의 자리에 오르고, 그 후 새로운 회사에 또 다시 도전하기까지 어려운 점이 없었다고는 할 수 없다. 다단계에 대한 부정적인 인식 때문에 처음에는 가족의 걱정과 반대도 적지 않았다. 아마 많은 사업자들이 공감하는 부분일 것이다.

일을 열심히 하고 매출을 올리고 돈을 버는 것도 중요하지만 가장 중요한 것은 자신의 가정에 대한 책임감이다. 사람을 만나고 사람의 마음을 움직이는 사업인 만큼, 다른 사람의 마음을 움직이기 전에 내 가족에게 제일 먼저 믿음을 줄 수 있어야 한다.

혹시 상처받고 피해입지 않을까 싶어 반대하는 남편과 가족들에게 나는 시간을 들여 진지하게 설득했다. 나에게 딱 1년의 기회만 달라고. 1

년 이내에 내 모습이 변화되고 발전되지 않는다면 스스로 그만두겠다고. 나는 돈을 벌기 위해서가 아니라 가족과의 약속을 지키기 위해, 나에 대한 남편의 믿음을 저버리지 않기 위해 노력했다. 그리고 실제로 1년 후 직급과 수입과 성과를 통해, 그리고 내 능력을 발휘하며 당당하게 선 모습을 통해 그 약속을 지켜냈다.

그 후 지금은 남편의 든든한 지지를 받으며 일하고 있다. 가족들도 네트워크비즈니스가 아주 매력적인 사업임을 인정해주게 되었다.

나를 믿어주는 가족이 없다면 이 일을 하는 의미도 없을 것이다. 예전에는 그냥 열심히 사는 아내이자 엄마였다면, 이제는 능력을 인정받는 아내, 멋진 삶을 사는 엄마로 살고 있다.

그래서 다음과 같은 말을 들을 때 가장 큰 보람을 느낀다.

"당신 참 멋있는 사람이야."
"엄마, 나도 엄마처럼 살고 싶어요."

나비가 허물을 벗고 화려하게 태어나듯
여성의 삶을 변화시키는 리더가 되고 싶다

간호사의 꿈을 접은 지 오랜 세월이 지났지만, 나는 지금 내가 하는 일이 어린 시절의 내 꿈과 크게 다르지 않다고 생각한다. 간호사가 아픈 사람들의 몸을 돌봐주는 일이라면, 네트워크마케팅은 수많은 다른 사람들의 아픔을 가슴으로 안아줄 수 있어야 하는 일이기 때문이다.

네트워크비즈니스로 성장하려면 리크루팅의 목적을 돈이 아닌 사람에 두어야 한다. 그래야 오래 가고 진정한 리더가 될 수 있다. 때로는 사람의 마음을 얻게 되기까지 묵묵히 기다릴 줄 아는 '기다림의 미학'을 즐겨야 한다. 한 번 마음에 둔 사람이라면 쉽게 버리지 않아야 하고 언젠가 저 사람을 더 행복하게 해줄 수 있을 거라고 믿어야 한다.

내가 다른 사람 대신 일해서 그 사람을 성공시켜줄 수 있는 건 아니다. 성공은 그 사람이 자기 힘으로 스스로 이루되, 그 곁에서 돕는 게 내 역할이다. 그 사람 대신 걸어줄 순 없지만 잘 걸을 수 있도록 길을 제시할 수 있고 올바른 지름길로 안내할 수 있다. 그 사람이 힘들다고 하여 업고 가줄 순 없지만 문제 해결을 위해 조언을 해줄 수 있고 비전을 보여주는 역할을 할 수 있다.

나 역시 적지 않은 시간 동안 시행착오를 겪어오며 지금의 선택을 해왔기에 이제는 그러한 안내자 역할을 해줄 수 있다고 자부한다.

"가다가 설 거라면 지금 서십시오. 아니, 아예 출발을 하지 마십시오. 일단 출발했다면 천천히 가도 됩니다. 그 대신 끝까지 갑시다."

늘 이런 이야기를 자신 있게 파트너들에게 할 수 있는 건, 나 혼자 정상에 오르는 것이 아니라 다 함께 끝까지 가는 것이 곧 내 성공임을 너무나 잘 알기 때문이다.

나의 행복을 위해 다른 이들을 함께 품어야 하는 동반 비즈니스. 이것이 네트워크의 핵심이라 믿는다.

결국은 사람이 전부다.

네트워크비즈니스는 마치 '종합선물세트'와도 같다. 경제력, 성공, 소속감, 미래에 대한 비전 등등 각자가 원하는 많은 것들을 골고루 갖추고 있다. 그중에 으뜸이 바로 사람이다. 생각이 멋있는 사람들과 함께 해야 하는 일, 함께 할수록 잘 되는 일이기 때문이다.

루안을 만난 지 약 1년 남짓 지난 지금, 나는 미래에 대한 더 큰 꿈을 꾸고 있다. 가장 큰 바램은 여성의 삶을 변화시키는 리더가 되고 싶다는 것이다.

우리 그룹의 상징 마스코트가 '나비'인 것처럼, 나와 함께 하는 사람들 모두가 긴 번데기 과정을 인내한 후 화려한 날개를 펴는 나비처럼 변화된 삶을 살았으면 좋겠다. 자신의 몸을 태워서 온 세상을 밝히는 촛불처럼, 파트너들을 위해 나를 녹일 수 있는 리더, '이 사람을 통해서 내 삶이 변화됐다'는 말을 듣는 리더가 되고 싶다.

7가지 색깔이 모여 더 아름다운 빛을 발하는 하늘의 무지개처럼, 서로의 다름을 인정할 줄 아는 아름다운 사람들과 더 많이 함께 하고 싶다.

자유로 가는 성공 시크릿 8단계 따라하기

1단계 : 꿈과 목표 키우기

사업은 자기를 믿지 못하면 흔들릴 수밖에 없다. 목표 설정을 확실히 해야 자신의 믿음을 확고히 할 수 있다. 자신이 무엇을 이루고 싶은지, 얼마나 이 사업을 크게 확장할 것인지 항상 미래를 꿈꾸고 계획을 세워야 한다.

2단계 : 동기부여와 열정

사업을 시작했다면 그것을 독려하고 열정을 불러일으키는 방법을 고민해야 한다. 동기부여를 위해서 다음의 3가지 원칙을 따라해 보자.

① 매일 30분 독서하기 - 책은 난관을 이기는 지혜를 선사하는 최고의 조언자이다.

② 동기부여 테이프 듣기 - 테이프로 듣는 강연은 집중도가 강하고 시간 활용도가 크다.

③ 미팅에 성실하게 참석하기 - 비즈니스 미팅은 조언을 듣고 자신의 문제점을 털어놓을 수 있는 기회임을 잊지 말자.

3단계 : 명단 작성하기

단순히 아는 사람의 이름을 나열하지 말고, 내가 앞으로 누굴 만나고 누굴 성공 시스템 안에 포함시켜 협력할 것인지를 결정하는 일임을 알고 명단을 작성해

본다.

4단계 : 초청하기

네트워크비즈니스는 사람을 직접 만나야 이루어질 수 있는 사업이다. 이 약속과 초대의 단계는 사업 초기의 성패를 판가름하는 중요한 요소이다. 시도가 거절당할 수도 있지만 거절을 너무 두려워해서는 안 된다. 한국인들은 누군가에게 다가가 먼저 약속을 잡는 일을 두려워하지만, 길게 보고 만나는 사람을 내 인맥으로 생각하고 노하우를 키워가면 된다.

5단계 : 사업 설명

정확한 플랜을 제시하고 이 사업이 허황된 꿈이 아님을 설명한다. 네트워크비즈니스 사업 설명은 단순히 말의 나열이 되어서는 안 되며, 긍정적이면서도 정확하게 눈으로 직접 확인할 수 있는 프리젠테이션 자료 등을 철저히 준비해야 한다.

6단계 : 후원하기

사업 설명이 끝났다면 상대로부터 피드백을 받고 원하는 정보와 방법을 알려주는 사후관리에 들어가게 된다. 이 단계는 상대에게 이익을 넘어 인간적으로 소중히 여긴다는 느낌을 주는 일이다. 상대가 당장 내 파트너가 되지 않더라도 오랜 시간 지속적인 관계를 유지하는 것이 중요하다.

7단계 : 상담

이 단계에서는 직접 사업자가 될 사람들을 만나는 일들이 빈번해진다. 이때 구구절절 설명을 되풀이하지 말고, 요점을 명확히 열정적으로 전달해야 한다. 이 사업을 통해 무엇을 얻을 수 있는지를 정확하고 선명하게 전달할 수 있어야 한다. 지금 당장의 액수보다는 실적 창출 또한 엄연한 과정이라는 마음으로 임해야 한다.

8단계 : 성공 시스템 복제하기

나보다 경험 많은 스폰서나 업라인의 성공 방식을 복제해 나의 사업을 키워나가고, 그것을 또다시 다운라인에 전해주어야 한다. 이것이 네트워크비즈니스 성공의 핵심이다. 이 단계에서 다음의 3가지를 필수적으로 짚고 넘어가야 한다.

① 누군가를 가르칠 수 있을 정도로 노하우를 잘 정리하라.

② 새로 만난 파트너가 시스템을 따르도록 도와주어라.

③ 끊임없이 배워라.

_파트너들과 함께한 점프업 워크샵

윤용욱
에메랄드

　대학 졸업 후 광고회사를 운영하다 IMF 때 부도를 경험하고 우여곡절 끝에 네트워크비즈니스를 시작하게 되었다. 적지 않은 세월동안 네트워크마케팅의 현장 경험을 쌓고, 경희대학교의 네트워크마케팅 최고과정을 공부하며 이론적 토대를 수립하였다. 몇 해 전 지병이 심해져 죽을 고비를 넘길 정도로 인생의 위기를 겪고 잠시 요양을 하던 중, 오랜 인연이 있던 최병진 회장의 제안으로 루안에서 새 출발을 하게 되었다. 루안의 글로벌 진출을 위해 그간의 경험과 내공을 발휘하고 싶다.

9 | 성공하기 위해서는 자기 자신부터 바꿔라

IMF 이후 네트워크 시장에서 잔뼈 굵어
현장 경험과 이론을 골고루 섭렵하다

나는 1999년 이후 지금까지 15년 가까운 세월에 걸쳐 네트워크비즈니스를 경험했다. 네트워크 경험이 많은 분들이 대개 그렇겠지만 나 역시 다양한 종류의 위기를 겪은 끝에 여기까지 왔다고 할 수 있을 것이다. 네트워크의 장점과 더불어 한계를 직시하기도 하고 이론과 현실의 차이에 대해서도 속속들이 바라볼 수 있었다.

네트워크마케팅을 처음 접한 것은 1999년 무렵으로 거슬러 올라간다. 대학 졸업 후 월간지 광고영업을 거쳐 광고회사를 운영했던 나는 IMF 때 부도가 나면서 시련을 겪기 시작하였다.

이후 영업 전문성을 살리며 살아갈 길을 모색하던 중 우여곡절 끝에 한 다단계 회사를 접하게 되었다. 당시에는 다단계에 대한 사회적 편견도 있었고 처음 해보는 일이라 어려움도 없지 않았지만, 열심히 일한 끝에 네트워크를 통한 미래의 가능성을 찾을 수 있는 시간들이었다.

그 후 몇몇 회사를 거치며 현장에서 잔뼈가 굵었다고 자부할 수 있을 정도로 풍부한 경험을 쌓았다. 또한 현장 경험에만 만족하지 않고 네트워크비즈니스에 대한 이론적 토대를 수립하기 위하여 경희대학교 네트워크마케팅 최고과정에 들어가 공부함으로써 전문성을 더욱 높일 수 있었다.

풍부한 경험을 통해 국내 시장 현실 파악
지나친 과로로 쓰러져 죽을 고비 넘기기도

그러나 이론을 공부한 후 현장을 다시 바라봤을 때 여러 가지 한계를 느낀 것도 사실이었다. 때로는 제품력이 부족한 경우도 있었고, 때로는 회사 경영상의 문제로 인해 사람들이 떠나거나 회사가 문을 닫는 모습도 볼 수 있었다.

네트워크비즈니스라는 것은 이론적으로만 본다면 매우 합리적이고 장점이 많은 사업이다, 하지만 우리나라 시장 현실에서는 네트워크비즈니스의 정통성에서 벗어나고 본래의 원칙에서 어긋나거나 변질되는 경우도 적지 않았다. 시장 자체도 점차 좁아지고 열악해질뿐더러, 새로운 회사에서 사업을 시작하는 듯 하다가 금세 다른 곳으로 가버리는 일부 사업자들에 의해 회사가 더 이상 힘을 키우지 못하고 주저앉는 경우도 있었다.

이런 현실들을 목격하면서 네트워크비즈니스에 대해 점점 회의감을 느끼지 않을 수 없었다. 또 개인적으로는 건강이 급속도로 악화되어 죽을 고비도 넘겨야 했다. 지병인 당뇨병이 악화되고 나서야 그동안 나 자신의 건강과 행복을 돌보지 않고 앞만 보며 달려 왔음을 깨달았다.

결국 그동안 하던 모든 것을 접고 요양을 할 수밖에 없었다. 그리고 이제는 네트워크사업을 접고 새로운 일을 해야 하나 고민에 빠져 있었다.

오너인 최병진 회장이 연락을 취해온 것은 그 무렵이었다. 오랜 지인이기도 했던 그는 루안코리아라는 새로운 회사를 설립 중이라며 기존의 네트워크 회사의 한계와 폐단을 극복한 좋은 회사를 만들겠노라고 설명했다.

지인으로서의 부탁이기도 했지만 그가 제시하는 비전에서 나는 뭔가 새로운 가능성을 엿볼 수 있었다. 긍정적인 열정과 적극성에 감동을 받기도 했고, 국내 시장을 초월한 글로벌 진출 계획과 실현 과정을 통해 '이런 회사라면 다시 한 번 내 인생을 걸어 봐도 괜찮겠다' 라는 알 수 없는 확신이 생겼다.

부족하나마 나의 경험을 살려 회사에 보탬이 되고 싶었다.

네트워크비즈니스의 본질이 변질되는 것 목격
기존의 폐단을 개선한 루안에서 가능성 느껴

대부분의 화장품들이 화학 성분으로 만들어지는 데 반해, 몽니스는 유해성이 없는 천연 성분을 저분자 단위로 쪼개어 피부 흡수력을 높인다는 점에서 소비자들에게 강력하게 어필할 수 있었다.

그런데 이러한 제품력을 먼저 경험하고 증명해준 것은 나의 아내였다. 몽니스를 두 달 정도 사용하고 나자 아내의 얼굴과 피부가 달라지고 있다는 것이 내 눈에도 확연히 보였다. 얼마 후에는 아내가 먼저 이렇게 이야기하는 것이었다.

"여보, 이건 다른 화장품과는 다른 것 같은데요?"

나의 건강을 염려해 내가 다시 네트워크비즈니스를 하는 것에 대해 썩 내켜 하지 않고 조심스러웠던 아내였지만, 몽니스 제품만큼은 자기가 써봤던 그 어떤 화장품과도 다르더라며 인정하는 눈치였다.

아내의 지지에 힘입어 좀 더 구체적인 제품설명과 사업설명을 듣고 나니, 기존의 화장품과의 차별성에 대해 나 역시 동의하지 않을 수 없었다. 단지 원료나 효능이 좋아서뿐만 아니라 제품의 콘셉트가 매력적으로 다가왔다.

사용 방법이 간편하다는 점에서 다른 화장품과는 개념이 다를 뿐만 아니라, 한 달도 안 되어 눈에 확 띌 정도의 급격한 피부 개선 효과를 보여준다는 점에서 리크루팅의 타깃과 방법이 절로 머릿속에 그려졌다. 사업설명을 듣자마자 감이 왔다.

'이런 콘셉트라면 차별화가 있다. 분명히 되겠다!'

이와 같은 확신과 더불어 루안을 선택하게끔 한 또 하나의 중요한 요소는 회사의 시스템과 비전이었다.

특히 보상플랜이 마음에 들었다. 기존의 네트워크 회사들이 먼저 시작한 사람들이 먼저 돈을 버는 구조였던 데 반해, 루안의 보상플랜과 시스템에 의하면 사업을 먼저 하건 늦게 하건, 네트워크비즈니스를 경험한 사람이건 처음 도전하는 사람이건 누구에게나 가능성이 열려 있고 누구나 높은 수익을 올릴 수 있게끔 해준다는 점이다.

기존 화장품과 차별화되는 제품력
국내 시장을 넘어서는 글로벌 비전

또 한 가지 나를 사로잡았던 것은 글로벌 진출에 대한 비전이다. 네트워크마케팅 최고과정에서 이론을 섭렵하고 공부한 후 나는 이제 우리나라의 네트워크마케팅도 글로벌로 진출해야만 성장할 수 있을 거라는 당위성을 엿보았다. 더 이상 한국시장에서만 답을 찾으려 해서는 안 된다고 느꼈다.

그런데 내가 느꼈던 한계에 대한 대안을 바로 루안에서 제시해주고 있었던 것이다. 좋은 제품을 가지고 전 세계의 커다란 소비시장으로 진출해 나아가겠노라는 비전 설명에서 무릎을 탁 쳤다. 내게는 인생을 걸 만한 새로운 기회로 여겨졌고, 지금 하지 않으면 나중에 반드시 후회할 거라는 걸 알았다.

오래 전 네트워크비즈니스를 처음 접했을 때는 단순히 생계 문제와 경제적 이유가 컸다. 그러나 그동안의 경험을 통해 깨달은 것은, 네트워크비즈니스는 나 자신과 다른 사람들의 인생을 바꿔주는 일이라는 것이다.

평범한 사람들이 전혀 새로운 일에 도전하여 자신의 인생을 변화시키기란 쉽지 않은 일이다. 그런데 네트워크비즈니스는 불가능에 가까운 변화를 누구에게나 얼마든지 가능하게 만들어주는 특별한 일이다.

내 인생뿐만 아니라 나를 통해 인연을 맺은 많은 사람들에게 새로운 기회와 새로운 인생을 경험하게 해줄 수 있는 일. 내가 변화하고, 나로부터 변화가 싹터 다른 이들의 삶을 변화시켜줄 수 있다는 점에서 자부심을 갖고 자신감을 갖게 됐다.

장애를 만드는 건 생각의 한계
나 자신이 변화해야 삶이 변화한다

루안에서 운영하는 다양한 교육 프로그램 중 가장 큰 호응을 얻고 있는 것이 바로 뷰티 아카데미라는 프로그램이다. 막연히 '우리 화장품이 좋다' 가 아니라, 화장품에 대한 정보와 진실을 정확하게 알려주고 있다. 단순 소비자는 물론이고 사업자들도 자신이 파는 제품에 대해 먼저 정확히 이해할 수 있게 해주는 이러한 교육 시스템이 다양한 시너지 효과를 불러일으키고 있다.

이처럼 새로운 것을 접하고 변화를 일어나게 하려면 진실을 정확히 이해하고 파악해야 한다. 그래야 생각을 변화시킬 수 있고 생각이 변화해야 현실의 장애를 극복하며 삶을 변화시킬 수 있다. 사람의 생각이 모든 것을 가능하게 해준다는 것을 '플라시보 효과' 라 부른다. 그래서 진정한 장애는 생각의 한계가 불러일으킨다는 생각을 한다.

자신 앞에 놓인 장애를 극복하고 성공하려면 어떻게 해야 할까? 긍정적인 사고방식, 자기 선택에 대한 신뢰, 열정 등 성공에는 여러 요소가 있을 것이다. 그런데 그중에서도 사고의 변화가 가장 중요하다고 말하고 싶다.

네트워크비즈니스를 잘하기 위해서는 스폰서와 리더의 역할도 중요하지만 그보다 먼저 나 자신이 고정관념에 갇히지 않고 생각을 변화시키려 노력해야 한다. 예를 들어 네트워크마케팅에 대한 무지로 인해 막연한 편견을 갖고 있었다면 정확한 지식과 이해를 통해 생각을 변화시킬 수 있을 것이다.

반대로 네트워크마케팅 경력이 아무리 많다 하더라도 단순히 자신이 경험한 것만이 전부라는 생각의 틀 안에 갇히는 것을 조심해야 할 것이다. 자기가 경험할 만큼 경험했으니 올바른 시스템은 무시해도 된다는 생각, 왕년에 승승장구했으니 과거에 하던 대로만 하면 될 것이라는 생각이 가장 큰 장애와 실패 요인이 될지도 모른다. 그래서 과거에 안주하지 말고 항상 자신을 변화시킬 준비가 되어 있어야 한다.

누구나 돈을 많이 벌고 싶어 한다. 하지만 진정한 성공은 당장 어떤 수단으로 돈을 버느냐를 떠나 어떤 생각을 갖고 돈을 버느냐에 좌우될 것이다. 나 역시 오랜 세월 쌓아온 네트워크마케팅 경험을 자양분으로 삼되, 과거에 얽매이지 않고 진정한 신뢰의 리더십을 구축하고자 한다.

성공적인 비즈니스를 위한 행동 요령 Best 8

1. 시스템을 신뢰하라.

네트워크비즈니스 사업은 시스템의 사업이라 부른다. 실제로 네트워크마케팅에서 시스템은 아무리 중요성을 강조해도 지나치지 않다. 네트워크마케터로서 성공하기 위해서는 시스템이 내 사업을 성공시키는 기본 틀임을 믿고 충분히 습득해야 한다.

2. 좋은 시스템의 3가지 조건을 알아두어라.

1〉 실제로 사업을 전개하는 데 사용할 수 있는가?

2〉 그 시스템을 사용하는 데 있어서 부작용이 없는가?

3〉 누구나 쉽게 모방할 수 있는가?

3. 팀워크를 유지하라.

네트워크비즈니스는 휴먼 네트워크를 만드는 일이다. 그래서 팀이 협력하고 돕는 것이 중요하다. 어떤 문제가 있을 때는 스폰서나 업라인과 함께 문제점을 분석 및 점검하고, 사업 진행 방향과 계획에 대해 전략을 짜야 한다. 사업적 지식, 기술, 해답, 나아갈 방향 등에 함께 의논하고 배워야 한다.

4. 복제하라.

네트워크 사업은 성공 시스템의 복제를 통해 성공할 수 있는 사업이다. 경험자들이 먼저 습득한 노하우를 익히고 배워야 한다.

5. 동기부여를 하라.

사업자들이 얼마나 의욕을 갖고 일하느냐에 성공이 좌우된다. 사람마다 동기부여를 할 수 있는 요소가 다르므로, 상대방이 무엇을 원하는지를 알고 그 부분을 자극해야 한다. 성공에 대한 본능, 꿈에 대한 욕망, 가능성에 대한 확신 등 다양한 요소들을 활용하라.

6. 꿈을 구체화하라.

꿈이란 사람을 살게 하는 근본 에너지이다. 네트워크비즈니스를 하여 무엇을 얻고자 하는지, 어떤 꿈을 실현시키고자 하는지를 구체적으로 생각해야 한다. 더 나은 인생, 더 풍요로운 인생을 위해 구체적인 목표와 계획을 수립할 수 있어야 한다.

7. 긍정과 열정을 가져라.

네트워크마케팅을 처음 접하는 대부분의 사람들이 두려움과 의심을 보인다. 그러나 불안감을 열정과 긍정으로 바꾸는 순간 미래를 바꿀 수 있다. 내일의 내 모습이 어떨지를 그려보게 하고, 먼저 경험한 사람들의 이야기를 통해 '나도 할 수 있다'는 열정을 심어주는 것이 중요하다.

8. 사람을 많이 만나고 많이 대화하라.

네트워크비즈니스에서 사람을 만나는 것은 꿈을 실현하기 위한 첫 단계이자, 내가 가진 희망을 나누고 동참시키는 일이다. 결국 사람을 대상으로 하는 일이기 때문에 사람이 재산이다. 어떤 방식으로 만날 것인지 고민하고, 용기를 갖고, 진심과 열정을 다하라.

_몽니스 사업설명회

장세순
루비

　NGO단체에서 사무직으로 여러 해 근무하면서 건강과 피부가 악화되어 쉬고 있던 중 몽니스를 만났다. 제품과 사업에 대한 교육을 들으면 들을수록 매력을 느껴, 비록 네트워크마케팅 경험이 전혀 없었음에도 불구하고 용기 내어 도전할 수 있었다. 아직은 많은 것을 배우고 익히는 단계에 있지만 회사의 비전을 믿고 일할 수 있기에 하루하루 모든 만남과 경험들이 가슴 설레고 기대 된다.

10 | 신입생 같은 설렘과 도전으로 시작하다

몽니스 쓰고 나서 효과에 반해
자발적으로 교육 받으며 사업 시작

몽니스를 처음 만났을 때 나는 오랜 직장생활로 많이 지쳐있던 상태였다. 종교 계열의 NGO단체에서 약 6년간 사무직으로 근무했는데 일 자체는 보람되고 가치 있는 일이었지만, 격무와 스트레스로 인해 건강이 안 좋아졌고 피부도 많이 상해 있었다. 재충전을 위해 집에서 몇 달 쉬면서 피부과라도 가 봐야 하나 싶어 고민하던 차였다.

웬 화장품의 팸플릿이 우연히 눈에 들어왔던 건 그 무렵이었다. 남편이 지인으로부터 받아왔던 것 중에 몽니스 팸플릿과 인쇄물이 있었다.

자연스럽게 거래처 지인 분을 통해 몽니스 에센스를 전해 받은 나는 기대감에 부풀어 매일 사용하기 시작하였다. 인쇄물 속 체험후기에서

본 '비포' 와 '애프터' 사진을 흉내 내어, 누가 시키지도 않았는데 나 혼자 비포 사진도 찍어두고 매일매일 거울 속 내 얼굴을 관찰했다.

한 보름도 되지 않아 깜짝 놀라고 말았다. 육안으로 티가 날 정도로 피부가 매끈해지고 리프팅되면서 건강해지는 게 보였던 것이다. 나는 피부과에 안 가기를 잘했다며 스스로를 칭찬했다.

뷰티 아카데미에서 미용 공부부터 시작
모든 교육과 강연에 재미와 매력 느껴

남편의 지인을 통해 좀 더 알아보니 회사에서 뷰티아카데미 강의을 열고 있다기에 가서 들어보고 싶었다. 처음에는 꼭 사업을 하겠다는 생각보다는, 여자니까 미용에 대한 강의을 들어보고 미용 지식도 배워두면 재미있겠다는 단순한 마음이었다.

그리하여 뷰티아카데미를 다니기 시작한 나는, 누가 강요하지도 않았는데 순전히 개인적인 호기심에 사업설명 강연도 틈만 나면 들어보기 시작했다. 누가 나오라고 하지도 않았는데 어느 순간 매일 회사에 출퇴근하다시피 하며 들락거리고 있었다. 모든 교육과 강연들이 재미있고 새로웠고 매일 보는 사람들의 얼굴이 달라지는 것이 신기하기도 했다.

누군가가 '어떻게 해서 이 사업을 시작하게 되었느냐? 고 물을 때마다 나는 뭐라고 대답해야 할지 몰라서 웃음을 터뜨리고 만다. 마치 뭔가에 홀린 것 같았다고 할까? 정말로 나도 모르게 시작하고 있었기 때문이다.

그 전까지는 네트워크마케팅을 접할 기회가 없었다. NGO단체의 직원이었던 내가 네트워크에 관심을 가지게 되리라고는 상상도 하지 못했다. 하지만 사람 일이란 모른다고, 누가 일부러 설득하거나 이끌어주기도 전에 나 스스로 새로운 길을 찾아 나서서 문을 두드리고 있었던 것이다.

회사의 안정적인 성장세에 믿음 생겨
네트워크 문화의 롤 모델이 되기를 희망

호기심에 이끌려 제품도 써보고 회사와 사업에 대해 충분히 알아보고 시작했기 때문인지 처음부터 이 일이 즐거웠다. 처음 해보는 분야라 모르는 것이 더 많았지만, 한 달 한 달이 지날수록 홈페이지 하나 제대로 없던 회사가 오너의 마인드와 제품력으로 눈에 띄게 고속으로 성장하고 있는 것이 내 눈에도 보였다.

그래서 더 의심 없이 믿고 일할 수 있었다. 주변에서는 네트워크를 처음 하는데 루안을 만나게 된 것은 행운이라고들 이야기를 해줬는데, 일을 해볼수록 그게 무슨 뜻인지 이해하게 되었다. 루안코리아가 대한민국 네트워크 문화의 롤 모델이 될 수 있도록 하겠다는 오너의 강연을 들으면서 나는 '내 선택이 결코 틀리지 않았다' 고 확신했다.

몽니스의 제품력에 대해서는 내가 먼저 써보고 반한 제품이기 때문에 두말 할 필요가 없을 것이다. 맨 처음엔 20만원 후반 대라는 가격이 조금 부담스러운 것 아닌가 생각했는데, 사업을 하면서 다양한 연령대의 고객들을 만나 이야기를 나눠보니 그게 아니었다.

유독 우리나라 여성들은 화장품을 단계별로 나눠서 스킨, 로션, 크림, 에센스 하는 식으로 여러 종류를 써야 한다고 생각하는 경우가 많다. 그런데 이 아이템들을 단계별로 전부 구입하려면 비용이 적잖이 든다. 여자들이라면 대부분 공감할 것이다. 게다가 연령대가 올라갈수록 유명 브랜드의 화장품을 선호하는 경향이 있는데 명품 브랜드의 경우 영양크림이나 에센스 사는 데만 때로는 수십 만 원을 소비하곤 한다. 그렇게 따지면 몽니스는 사용도 간편할뿐더러 가격 면에 있어서도 합리적이라 할 수 있다.

인간관계의 배려와 소통이 중요
사람과 사람 사이의 진실함 중시

새로운 일을 시작하고 매일 새로운 사람들을 만날수록 깨닫게 되는 것 중 하나는, 네트워크마케팅이란 제품력도 좋아야 하지만 사람과 사람과의 관계 속에서 진실함을 전달해야 하는 일이라는 점이다.

NGO단체에서 일했을 때 힘들어도 보람을 느낄 수 있었던 건 그 일을 통해 더 많은 사람들을 도울 수 있었기 때문이다. 그런데 네트워크마케팅은 그보다 훨씬 더 사람에 대한 배려와 소통이 중시되는 일인 것 같다.

다른 사람의 마음을 헤아리고 소통하려 노력하는 데서 더 많은 동반자를 만날 수 있다. 만남의 깊이에 따라 상대방이 나를 오해할 수도 있고 부정적인 반응을 보일 수 있다는 걸 인정하고 역지사지 하는 마음으로 이해하려 한다면 결국엔 내 마음을 전달할 수 있다.

그런 진실함이 중요하다는 점에서 이 일은 참 매력적이다. 네트워크마케팅의 또 한 가지 매력은 누군가의 강요에 의해서가 아니라 자발적으로 일할수록 그에 비례한 좋은 결과를 얻을 수 있다는 점이다. 예를 들어 아침 9시에 조회가 있다고 할 때 억지로 그 시간에 맞춰 나가는 것이 아니라 나 스스로 그 시간에 그 자리에 있고 싶은 마음이 들기 때문에 나가는 것이다. 이 일은 누가 뭐래도 나 자신의 목표를 세우고 스스로 움직여야만 앞으로 갈 수 있는 일이기 때문이다.

백세시대의 중간 지점인 40대
여성으로서 새로운 꿈을 꾸게 돼

맨 처음 네트워크비즈니스를 하겠다고 했을 때 가장 걱정하신 건 친정 부모님이었다. 여든이 넘으신 부모님께서는 5남매의 늦둥이 막내딸인 내 걱정을 평소에도 많이 하셨고, 혹시 불법적인 일과 연루되어 사기라도 당하지 않을까 하는 노파심을 내비치셨다.

반면 남편은 오히려 긍정적으로 나를 믿어 주었다. 내가 몽니스를 처음 접하게 된 계기가 남편의 지인을 통해서였기도 했고, 남편 역시 네트워크마케팅에 대해 부정적인 인식을 갖고 있지는 않았기 때문이다. 지금은 밝은 얼굴로 동분서주 뛰어다니며 열심히 일하는 나를 보며 격려도 해주고, 노후준비를 함께해주며 어깨의 짐을 덜어주는 아내가 고맙다고 친구들에게 자랑도 한다고 한다.

어떤 친구들은 내가 다단계 사업을 한다고 하자 "뭐가 답답해서 그 일을 해?"라고 묻기도 한다.

나는 왜 이 일을 하는 것일까?

나는 절박한 생계형으로 이 일을 시작한 것도 아니고, 순전히 호기심과 흥미 때문에 나도 모르게 이끌려서 사업을 시작했다. 그러다 보니 나 자신도 이 일을 하는 이유를 제대로 설명하지 못한 적도 있었다. 그러나 이제는 나 자신에게 질문을 던졌을 때 분명히 대답할 수 있다. 남편의 꿈도 아이의 꿈도 아닌 오직 나의 미래와 꿈을 위해서 이 일을 하고 있노라고.

평균수명이 길어져 백세시대라고 하는 요즘, 나와 남편의 나이, 즉 40대에서 50대로 건너가는 나이는 일생 중 가장 고민이 많고 방황하게 되는 시기이다. 직장인들이라면 언제 퇴직을 하게 될지 몰라 불안해지는 시기이고, 자영업자라면 기존의 일을 접고 새로운 길을 모색해야 할 때가 바로 이 시기인 것 같다.

그렇다면 어떻게 해야 할까? 막연히 주저앉아 있어야 할까? 아니면 내 꿈에 대해, 앞으로의 목표에 대해 한 번쯤 내 인생 하프타임을 점검해봐야 하지 않을까?

오직 남편의 경제력에만 의지하던 주부에게
새로운 목표를 세울 자신감을 주는 일

삶의 중간지점이라 할 수 있는 40~50대는 꿈을 잃어버리는 나이일지도 모른다. 더 많은 꿈을 가질 수 있는데도 말이다. 언젠가 내 또래의 전업주부 친구들을 만났을 때 나는 이런 질문을 던졌다.

"너, 앞으로 뭐하고 살 거야? 네 꿈은 뭐야? 노후준비는?"

이 질문에 뭔가 확고한 대답을 하는 친구들은 의외로 많지 않다. '어떻게 되겠지' 라는 막연한 대답이 대부분이다. '이젠 꿈 같은 건 없다'는 이야기도 많이 한다.

누구나 어린 시절에는 여러 가지 꿈과 목표를 갖고 있다가도 이제 나이가 들고 나면 꿈을 잃어버린다. 특히 대부분의 여자들은 아내로서, 주부로서, 엄마로서 살다가 삶을 마감하는 걸 당연시한다.

전업주부들의 경우엔 아이를 어느 정도 키우고 나서 다시 새로운 일을 하고 싶다 하더라도 여러 가지 제약에 발목이 잡힌다. 결혼 전의 능력을 살려 뭔가 전문직으로 다시 진입하기란 거의 불가능에 가깝고, 취업을 다시 하려고 해도 대부분은 단순 계약직밖에 기회가 없다. 그런 일들은 몸은 너무 고되고 수입은 적어서 망설이게 된다. 그래서 새로운 자기만의 꿈과 목표를 갖고 싶어도 갖지 못한다.

나 역시 그랬다. 몽니스를 만나기 전에는 사무직에 근무를 하긴 했지만 남편의 일, 남편의 경제력만 중요하다고 생각했다. 오로지 남편의 경제력에 내 삶이 좌우될 수밖에 없다고 생각했다.

하지만 몽니스를 만나고 네트워크를 시작하고 나서는 남편의 경제력과 상관없이 내 인생을 내가 책임져야 한다는 걸 알았다. 남편에게는 남편의 삶이 있고, 아이들에게는 아이들의 삶이 있는 것처럼, 내게도 나의 삶이 있어야 한다고 생각한다. 지금이라도 얼마든지 새로운 일에 도전할 수 있고 새로운 목표를 세우고 꿈을 이루기 위해 자신을 점검할 수 있다. 그리고 누구의 아내, 누구의 엄마가 아닌, 부모님이 지어주신 고귀한 이름, 내 이름 석 자로 내 능력을 펼치며 당당하게 살 수 있다.

그저 현실에 안주하며 그 테두리 안에 나를 가둬놓고 주어진 일만 하며 살았던 나지만, 이제는 앞날에 대해, 그리고 노후에 어떻게 살 것인지에 대해 구체적인 목표를 세울 수 있게 되었다. 또한 예전에 NGO단체에서 경험하며 느꼈던 것을 토대로 언젠가는 정말 어려움에 처한 사람들에게 도움을 줄 수 있는 사업을 하고 싶다.

새내기 입학생처럼 하나씩 배우는 마음
기초 토양부터 차근차근 다지고파

나는 가끔 이런 생각을 한다.

'루안이라는 회사를 만나지 않았다면 지금 내가 무얼 하고 있을까?'

'루안을 만나지 않았다면 지금의 파트너들은 다들 무얼 하며 살았을까?'

어떻게 보면 나는 정말로 운이 좋았던 것 같다. 좋은 회사와 스폰서, 파트너들을 만났기 때문이다.

시간이 흐를수록 이 일은 '함께 시스템에 플러그인하면 되는' 사업이라는 걸 배우고 있다. 그리고 좀 더 많은 것을 절대 긍정의 마음으로 배워나가야겠다는 생각을 한다.

나무가 자랄 때도 좋은 토양에 뿌리를 깊이 내려야 영양분을 얻어 줄기와 열매를 만들 수 있는 것처럼, 뿌리를 내리는 데 우선 충실해야 할 것이다.

많은 사람들이 네트워크 사업을 불로소득이라고 오해하지만, 불로소득을 바라는 마음은 뿌리도 키우기 전에 열매만 바라는 것과 같다. 특히 네트워크를 처음 시작하는 사람이라면, 마치 대학에 처음 입학해서 오리엔테이션에 참석하듯이 처음부터 배워나가려고 해야 한다. 회사에 대해, 제품에 대해 공부하고 체험하면서 충분히 내 것으로 만드는 과정을 거쳐야 리크루팅을 할 때도 자신 있게 할 수 있다.

네트워크마케팅은 가만히 앉아 돈을 버는 불로소득도 아니고, 내 위의 스폰서가 내 성공을 보장해주는 일도 결코 아니다. 다른 사람이 나를 성공하게 만들어주는 것이 아니라 나 스스로 계획을 세워 나의 사업을 키워나가는 것이다. 스폰서는 정보 전달자일 뿐임을 알고, 내 힘으로 열심히 배우려고 노력할 때 발전이 있다.

지금의 나는 아직 하나하나 배워가면서 기초를 다지는 과정에 있다고 생각한다. 그 과정속에 3년이라는 목표를 세웠고, 조금은 느리게 가지만 몽니스를 시작했던 초심을 잃지 않고, 아름다운 사람들이 만들어 가는 루안에서 오너의 진정성을 느끼며 파트너들과 배려하고 소통하며 사업을 진행하고 있다. 앞으로 한국 네트워크 업계의 롤 모델인 루안코리아㈜에서 많은 사람들에게 신뢰받을 수 있는 미소가 아름다운 리더로 성장하고 싶다.

_사업설명회 하는 모습

올바른 업체 vs 불법 업체, 선택의 안목을 키우자

1. 올바른 네트워크마케팅 회사를 선택하기 위한 기준은?

네트워크마케팅을 통해서 노력이 빛을 발하기 위해서는 회사와 제품을 잘 선택해야 한다. 업체를 선정할 때는 서두르지 말고 다각도로 확인하고 점검해 시행착오를 줄여야 하는데, 업체 선정 시 고려해야 할 기본적인 부분은 다음과 같다.

- 경영 이념과 재무구조
: 회사와 사업자가 윈윈하는 곳인지와 부채 등 재무구조를 살펴본다.

- 시스템
: 마케팅플랜과 프로그램은 그 회사의 시스템을 대변한다. 이것이 합리적이고 지속성이 있는지 살펴본다.

- 상품
: 회원들의 입소문으로 확산될 만큼 좋은 상품인지 제품력을 가늠해 본다. 네트워크 상품은 품질로 승부수를 던져야 하므로 가격과 제품력 등이 중요한 경쟁력이 된다. 상품이 안정적인지 면밀히 검토한다.

- 신뢰도
: 회사의 직원은 물론 동료 사업자들이 신뢰감을 주는지 체크한다.

- 본인의 능력
: 네트워크마케팅이 내 능력과 적성에 맞는지 살핀다.

- 적법성
: 회사의 법률적 등록번호를 반드시 확인한다. 불법 회사들의 경우 등록번호가 없다.

- 실적 요구
: 회사가 무리한 실적을 요구하는지 가늠한다. 수입이나 직급을 빌미로 지나치게 실적을 강요하는 분위기라면 얼마 안 가 지쳐버리거나 무리한 행동을 유발할 가능성이 높다.

2. 불법 다단계 업체들의 주된 거짓말 유형은?

많은 불법 피라미드 회사들은 개인적 이익을 위해 타인을 이용하거나 권리를 침해하는 유형의 악의적 거짓말을 한다. 이들이 주로 하는 거짓말들은 이윤에 눈이 멀어 급하게 모든 것을 결정하고 사업에 발을 들이도록 만드는 달콤한 거짓말들이다.

다음은 불법 업체들의 주된 거짓말 유형을 정리한 것이다. 잘 살펴보고 어떤 사업설명회든, 어떤 사업자든, 다음의 유형을 강요하거나 권한다면 일단 발을 빼고 곰곰이 생각해보는 것이 좋다.

- 일자리를 알선하겠다.

: "좋은 일자리가 있어. 보수는 꽤 높아. 지금 파트너가 필요해서 그런데 잠시 와줘."

- 누구나 다 하는 사업이다.

: "이 사업은 아주 쉽고 빨리 돈을 벌기 때문에 수익성이 높아. 변호사, 의사들도 많이 해. 아는 사람들은 다 하는 사업이야."

- 제품이 너무 뛰어나다.

: "이거 쓰고 나서 완전히 달라졌어. 가격은 좀 되지만 그만큼 가치가 있지."

- 회원 탈퇴 시에 각서를 써야 한다.

: "그냥 형식적인 거라고 보면 돼. 회원 파악도 해야 하고 신상 명세도 필요하니까. 만약을 위해 하는 거니까 부담 가지지 마."

- 실패한 인생 그대로 살겠는가?

: "너 정말 좋은 기회 놓치는 거 알지? 네가 싫다면 어쩔 수 없지만, 어차피 부자 되는 것도 다 인연이 있어야 하는 거지."

- 크게 노력하지 않아도 저절로 된다.

: "이 사업은 큰 노력이 필요한 게 아니야. 그냥 사람들 몇 명 네 하부라인으로 끌고 오면 그 사람들이 또다시 다른 사람들을 모집하거든."

3. 정상적인 합법 네트워크비즈니스와 불법 피라미드의 차이점

합법적 네트워크비즈니스	구 분	불법 피라미드 판매방식
다단계판매사업자 등록	사업자등록	다단계판매사업자 미등록
합법적 판매방식	합법성	불법적 판매방식
없음	가입비	각종 명목으로 금품 징수
없음	상품구매	강제구매 유도
우수 품질의 소비재	상품	품질이 보장되지 않은 고가제
하위판매원 확보의무 없음	확장구조	하위판매원 확보의무 부과
상품판매에 의해서만 수익 발생	수입원	판매원 현혹 행위에서 수익 발생
확실	환불제도	미비하거나 없음
없음	재고부담	강제적, 의무적
철저한 무점포	사업장	사업장, 대리점 형태
업무처리에 충분한 시스템	전산시스템	없거나 약한 프로그램
인쇄된 공식 책자	매뉴얼	복사본이거나 없음
철저한 부업출발 유도	업무구조	전업으로 일할 것을 유도
장기적 차원의 비즈니스	사업성격	단기간에 쉽게 돈을 벌려는 방식
정체시 피해자 거의 없음	붕괴위험성	정체시 피해자 다수 발생

(출처 : 루안코리아 홈페이지 www.ruankorea.com)

표윤수
더블 다이아몬드

공무원 출신에서 사업가로 변신, 벤처기업, 네트워크마케팅, 유통 등 다양한 분야의 사업을 경험했다. 유통회사를 운영하는 대표이사로 있던 중 평소 알던 지인을 통해 루안코리아에 대해 소개받았다. 경영인으로서 새로운 제안에 대해 심사숙고를 하지 않을 수 없었기에 약 45일에 걸쳐 면밀하게 조사하고 알아보는 검증 과정을 거쳤다. 루안의 가능성에 대해 확신할 수 있었고, 지금은 동남아, 미국, 남미 등 전 세계를 누비며 글로벌 진출의 터를 닦고 있다.

11 | 나의 비즈니스 무대는 글로벌이다

유통 주식회사 사장으로 회사 운영
루안을 결정하기까지 철저한 검증 거쳐

나는 루안을 만나기 전까지 작은 회사를 경영하고 있었다. 과거에 공무원 출신이었으나 사업가로 변신한 후 주로 유통 관련 회사들을 두루 섭렵하였다.

통신회사, 기능성 신발 유통, 인터넷 게임 관련 벤처기업, 화장품 등 다양한 사업을 해보았고, 유통을 전문으로 하다 보니 2000년대 이후로는 네트워크마케팅도 자연스레 경험했다. 사업가라면 으레 그렇듯이 모든 것을 잃어보기도 하고 다시 일어서 보기도 했다.

지인의 소개로 몽니스라는 제품과 루안코리아라는 회사에 대한 이야기를 듣게 되었을 때, 최종적으로 루안을 선택하기로 결정하기까지 고민에 고민을 거듭할 수밖에 없었다. 비록 큰 규모는 아니었지만 엄연한 주식회사의 대표이사로서 굳이 새로운 사업에 손을 대기 위해서는 확실한 비전이 있어야만 했기 때문이다.

그 당시 루안은 설립 초창기의 회사였다. 몽니스라는 단일제품 하나밖에 없는 상태였고 업계에서는 '저 회사 내일 망한다, 모레 망한다'는 온갖 루머들이 난무했다. 아직 여러 가지가 준비 단계에 있었으므로 불안하다면 불안하다 할 수 있었다.

따라서 회사 대표인 내가 어떤 선택을 하느냐에 따라 앞으로의 내 운명이 좌지우지될 판국이었다.

사업을 성공시키는 요인은 '사람'
경영진의 심성과 열정에 마음 움직여

적지 않은 세월 동안 사업가로 살아오면서, 그리고 여러 회사의 경영자 위치에 있어 오면서 수많은 어려움을 겪었다. 바닥과 정상을 고루 경험했고 실패와 성공의 원인이 무엇인지에 대해서도 속속들이 체득했다. 유통의 트렌드와 제품의 사업성을 보는 안목에 있어서만큼은 그 누구에게도 뒤지지 않을 것이라 감히 자신할 수 있다.

처음 소개를 받은 후 수십 번 고사한 끝에 루안의 사업자가 되기로 결정하기까지는 결코 쉽지 않았다. 나는 그 어떤 속내도 내비치지 않은 채 묵묵히 입을 닫았다. 그리고 제품을 검증하고 회사를 검증하는 철두철미한 심사숙고의 시간을 가졌다.

경영자로 지내온 세월 동안 깨달은 것 중 하나는 사업의 성공 요소가 오로지 제품에만 있지는 않다는 점이다. 물론 제품도 좋아야 하고, 그냥 좋기만 해서 되는 것이 아니라 남달라야 할 것이다. 기존의 제품들과 차별화되는 특별함이 없고서는 그 어떤 아이템도 성공하기 어렵다.

하지만 제품만 좋다고 하여 무조건 회사가 성공할 거라고 생각하면 오산이다. 사업의 성공을 좌우하는 요소 중 1순위는 결국 '사람'이라는 것이 내 나름의 경영 철학이다. 제품도 뛰어나야 하지만, 그 회사를 이끄는 인적 구성원의 심성과 자질이 결국 성공으로 이끈다. 인적 구성원이란 최고 경영자부터 하위 사업자까지 모두를 일컫는다.

나는 우선 몽니스가 차별화된 제품력을 갖고 있는지, 사업성이 뛰어난 아이템인지를 조사했다. 그리고 회사의 인적 구성에 대해 경영인의 눈으로 살펴보았다. 경영진과도 수차례 미팅을 하고 오너와도 여러 번 독대하며 만남의 시간을 갖고 이야기를 들어보았다.

무엇보다도 이 회사가 글로벌 기업으로 성장할 수 있는 원동력을 갖고 있는지, 세계무대 진출에 대한 비전을 얼마나 갖고 있고 이를 구체적으로 실현시킬 계획이 있는지를 자세히 알아보았다.

이 모든 것들을 토대로 최종 판단을 내리기까지 걸린 시간이 45일이다. 경영진의 경험과 열정, 그리고 의지를 보고 마침내 확고한 결정을 내릴 수 있었다.

'이 회사라면 내 미래를 걸 수 있다. 사업가로서의 신화를 만들 수 있을 것이다!'

한 번 결정하고 나자 더 이상 미련을 둘 이유가 없었다. 나는 기존의 회사를 바로 접고 루안을 택했다. 그리고 모든 것을 걸기로 했다.

어제까지만 해도 한 회사의 대표이사로서 부하직원들이 챙겨주고 보좌해주는 데 익숙해 있었으나 그 모든 것들을 다 버리고 새로이 출발하자는 마음이었다. 심지어 회사에 왔다 갔다 하는 시간도 아까워, 출퇴근 시간을 단축하기 위해 회사 바로 앞에 있는 고시원에 방을 하나 얻어 한동안 숙식을 해결했다.

성공하려면 성공의 환경과 조건을 갖춰야…
기본과 상식을 지키는 지식인이 되어라

우리나라 네트워크마케팅에 대한 세간의 편견과 부정적 인식을 불러일으킨 주된 원인은 정도를 걷지 않는 불법 회사들이 많았기 때문이다. 수많은 회사들이 세워졌다 사라졌고, 소위 불법 다단계로 인한 피해자도 수없이 발생했었다.

그러나 이제는 시대가 바뀌었다. 네트워크 회사도 명백히 법적인 테두리와 제도권 안에 있어야 한다. 하나에서부터 열까지 모든 것이 투명해야 한다. 편법으로 운영하는 회사는 처음에는 잘 지탱하는 것처럼 보일지 몰라도 한 번 무너지기 시작하면 순식간에 와해된다. 나 역시 그동안 크고 작은 사업을 하면서 아무리 어려워도 합법적인 정도를 걷는 회사만을 운영했다.

경영에 있어서 정도를 걷는다는 것은 결국 기본과 상식을 지킨다는 말과 동의어이다. 법을 지키고 사람에 대한 도리를 지키는 것이다. 유통업에서 가장 중요한 것은 사람과 사람의 관계이고, 하물며 네트워크비즈니스는 이러한 관계성이 전부라고 해도 과언이 아니다.

루안코리아 산하의 그룹 중 하나인 MPH 그룹장으로서 (MPH는 'Making People Happy:행복을 만드는 사람들' 의 약자로서, 루안 직전에 내가 운영하던 회사 법인명을 그대로 가져온 것이다.) 내가 가장 중시하는 것이 바로 '기본과 상식' 을 갖춘 창의적 인재를 육성하는 것이다. 네트워크 사업을 시작하는 많은 사람들이 궁금해 하는 것은 결국 한 가지다.

"어떻게 해야 성공자가 될 수 있습니까?"

그러나 이런 질문에 대한 내 대답은 의외로 심플하다. 네트워크마케팅 사업에서 높은 직급에 오르고 성공하는 사람들은 '성공의 조건'을 갖췄기 때문에 성공한 것이다. 성공하지 못한 사람들은 그 조건을 덜 갖췄기 때문에 아직 성공하지 못한 것이다. 여기서 말하는 성공의 조건이란 사업자가 되고 나서 초반에 매출을 얼마를 올렸느냐를 뜻하는 것이 아니다. 성공자가 될 수 있는 조건이란 결국 사람에 대한 기본과 상식을 충분히 수련한 진정한 의미의 지식인이 되었느냐를 뜻한다.

네트워크 사업자로 일하면서 타 회사를 비방하고 헐뜯는 말을 자주 하는가? 오로지 눈앞의 수익을 위해 돈만 좇아가는가? 이른바 '돈맛'을 보기 위해 혈안이 되어 있는가? 공짜를 바라고 불로소득을 꿈꾸는가?

기존의 네트워크 시장이 혼탁해졌던 것은 위와 같은 사람들이 많았기 때문이다. 한 마디로 네트워크의 본질을 지키지 않은 것이다. 이런 사람들이라면 진정한 의미의 네트워크 인재가 되기 어렵다.

우리 그룹의 슬로건이 '창의적 인재 육성'인 데서 알 수 있듯이 나는 성공의 조건과 환경을 갖춘 인력을 계발하는 데 많은 시간과 노력을 투자하고 있다. 매출을 많이 올리자는 것이 아니라 루안의 진정한 지식인이 되자는 이야기를 자주 한다. 그러한 조건을 갖췄다면 성공은 그 다음에 저절로 따라오게 되어 있기 때문이다.

미국, 캐나다, 남미, 뉴질랜드, 일본…
잦은 해외 출장으로 바쁠수록 행복

루안은 사업자의 상당수가 유통을 잘 모르거나 네트워크마케팅을 처음 접하는 사람들이라는 점에서 오히려 장점을 가진 회사다. 이러한 순수성 덕분에 네트워크에 대한 기존의 편견이나 자만심 없이 '기본에 충실' 한 사업자들을 키워낼 수 있기 때문이다.

합리적이고 정도를 지키는 시스템, 충분한 교육과정을 거쳐 양성되는 신규 사업자들, 제품에 매료된 충성도 높은 고객들의 포진, 창의적이고 차별화된 마케팅과 프로모션으로 인하여 단기간에 성장하며 탄탄해지고 있다.

한 회사의 대표에서 하루아침에 신규 회사의 사업자가 되면서 나 역시 모든 것을 비워내는 과정을 거쳐야 했다. 으레 누군가가 나를 챙겨주리라고 기대하던 습관을 깨끗이 버려야 했다. 내가 사장 자리에 있던 사람이었노라 하는 최소한의 자만심도 내려놓았다. 고시원 방 한 칸을 얻어 새우잠을 자던 날부터 나는 초심으로 돌아가리라 다짐했다. 올바른 길을 걷는 사업자로서 크게 성장하리라는 자존심 하나만을 붙잡고 버텼다.

2년도 되지 않아 회사가 성장세에 오르면서, 나는 애초에 주목했던 글로벌 진출 계획을 하나씩 실현하며 바쁜 나날을 보내고 있다.

루안을 전 세계에 진출시켜 글로벌 무대에서 활약하는 리더가 되는 것이 현재의 내 목표이자 비전이다. 베트남, 일본, 미국, 캐나다, 멕시코, 뉴질랜드, 러시아… 루안이 진출할 나라들은 무궁무진하다.

지금까지 미국에만 7개의 센터를 만들었고 장차 그 수를 늘릴 계획 하에 준비 중이다. 멕시코에도 최근 한 달 간을 상주하다시피 하며 지사를 설립하기 위한 터를 잡았다. 그 밖에 해외 각국 현지인들에게 몽니스를 알리기 위해 밥 먹듯이 비행기를 타고 출장을 다니는 중이다.

내 인생의 100퍼센트를 루안에 올인하기로 한 내 선택이 옳았음을 확신하며, 이제껏 그 어떤 사업을 했을 때보다 바쁘지만 그 어느 때보다도 활력과 행복감으로 가득하다.

---

tip | 표윤수 더블 다이아몬드가 전하는 말…

네트워크마케팅 시스템
복제를 통해 성공할 수 있다

네트워크 사업의 장점 중 하나는 끊임없이 성공 시스템이 복제를 거듭한다는 것이다. 네트워크마케팅의 시스템은 축적과 복제의 원칙을 통해 성장한다. 한 번의 노력이 시스템 안에서 수십 배의 효과를 가지며, 노력이 복제되어 엄청난 결과를 만든다. 이달의 노력이 다음 달로, 그리고 지속적으로 이어지며 축적된다. 또한 한 사람의 다운라인을 제대로 구축하면, 그가 또 다른 네트워크를 구성하면서 나의 네트워크 또한 무한대로 확장된다.

경험자들이 습득한 노하우, 난관 극복 방법, 사업 확장 방법, 사람 대하는 방법 등을 복제 및 확장시킬 수 있다. 배우고 따라 하기만 하면 실패를 줄일 수 있으며, 내가 또 다른 누군가를 가르칠 수 있다.

시스템의 복제를 실천하기 위해 다음의 사항들을 명심하자.

- 모든 사업 기술은 시스템에 의해 교육되고 진행된다. 이 사업의 성공의 핵심은 복제에 있다.

- 후원하는 파트너들이 성공의 법칙과 방법을 배울 수 있도록 해야 한다.

- 자신의 파트너를 가르칠 수 있을 만큼 충분히 배워야 한다. 모르는 것은 곧바로 물어보고 실행하면서 실패와 오류를 줄일 수 있다.

- 네트워크비즈니스는 파트너와 함께 배우고 실천하는 데서 성공한다.

- 모임, 세미나, 강연, 책 등을 골고루 활용하라.

- 사업설명회를 여러 번 충분히 활용할수록 사업 성장도 빨라진다.

- 네트워크비즈니스는 스폰서의 도움이 있어야만 성공할 수 있지만, 스폰서에 전적으로 의존하는 것이 아니라 스스로 노력하고 리더의 자질을 키워가야 하는 것임을 기억해야 한다.

이창우
더블 다이아몬드

임상병리사에서 제약회사 영업직, 카페 창업 등 다양한 분야에서 성공과 실패를 거듭한 끝에 화장품 방문판매원으로 변신, 남성으로서는 이례적으로 화장품 세일즈의 신화를 만들었다. 이후 루안코리아를 만나 네트워크마케팅에 도전하여 리더로 급성장하였다. 전국 각지를 종횡무진하며 강연을 통해 성공과 자기계발에 관한 철학을 전파하고 있으며, 실패를 발판 삼아 오늘날에 이른 인생 이야기와 성공 메시지를 엮은 저서 〈진짜 기회를 만나라〉를 발간하였다.

12 │ 기회를 기적으로 만드는 9S법칙

국내 유일의 남성 피부컨설턴트로 성공
화장품세일즈의 신화를 이룩하다

'성공이라는 축포가 터지기 위해서는 과거의 끊임없는 몸부림과 고 난의 시간이 가장 값진 자양분이 된다!'

누군가가 내게 성공의 비결을 묻는다면 나는 위와 같이 대답할 것이 다. 찢어지게 가난한 어린 시절을 거쳐 다양한 일을 전전하고 더 이상 회생 불능이라고 여겨질 정도의 패배와 쓴 맛을 보았기 때문이다.

그래서 나는 누구나 월 1억의 꿈을 이룰 수 있다고, 나 같은 사람도 성 공하지 않았느냐고 당당하게 이야기할 수 있다.

경기도 양평의 촌에서 태어나 가난한 어린 시절을 보낸 내가 화장품 영업직에 뛰어들어 신화를 만들고 마침내 루안코리아를 만나 성공자의 대열에 오르기까지는 참으로 눈물겨운 고난의 시간들이 있었다. 살면서 명함을 15번이나 바꿨을 정도로 온갖 일들을 해보았다.

고등학교를 졸업한 후 무작정 서울로 상경한 직후 나는 각종 아르바이트에서 육체노동까지 다양한 분야를 전전하였다. 처음에는 구로공단의 노동자로, 그 다음엔 레스토랑의 웨이터로 일했다. 몇 년 후에는 남보다 조금 늦긴 했지만 죽어라고 공부하여 신흥보건대학 임상병리과에 기적적으로 합격할 수 있었고, 졸업 후에 한양대학병원의 임상병리사로 취직했다.

연구실에 있는 것보다는 사람들을 만나고 설득하는 영업이 적성에 맞다는 걸 알게 된 것은 이후 한 외국계 제약회사 영업직으로 이직하면서부터였다. 하지만 영업 실적을 높이 올렸음에도 불구하고 학력의 한계로 인해 승진에서 밀리는 것을 경험하면서 퇴사하였다.

아무리 영업 실력이 좋아도 실력보다 학력이 중시되는 세상! 영업에는 더 이상 내 미래가 없을 것 같았다.

그리하여 자영업으로 전환, 시골 부모님이 논밭 팔아 마련해주신 자금에 퇴직금을 합쳐 작은 카페를 차렸다. 하지만 조금 자리를 잡으려는 순간 카페에 불이 나 모두 타버리니 시련도 이런 시련이 없었다.

가진 것을 다 잃는 것으로 모자라 빚더미에 올라앉았다. 그때는 세상이 다 끝난 것만 같았다. '나라는 사람은 뭘 해도 안 되는 것인가!' 라는 절망감에 주저앉고 싶었다.

화장품영업의 성공 경험을 발판 삼아
루안에서 더 큰 꿈을 이루며 업그레이드

루안코리아의 수많은 남성 사업자들이 몽니스라는 화장품을 전달하며 사업을 펼치고 있지만, 예전에는 남자가 화장품 영업을 한다는 것 자체가 생소한 일이었다. 창업한 카페가 남김없이 전소된 후 생계를 위해 한 제약회사에 취직했던 나는, 어느 날 우연히 코리아나 화장품의 팀장으로부터 피부 상담을 받고 나서 피부가 깨끗이 변화하는 걸 겪으면서 화장품 영업에 관심을 갖게 되었다. 맨 처음 화장품세일즈에 도전했을 당시, 코리아나 회사의 판매직원 2만 명 중 남자는 나뿐이었다.

남자가 화장품영업을 해서 어떻게 성공할 수 있었을까?

예나 지금이나 성공의 열쇠는 차별화전략에 있다. 여성판매원들처럼 마사지해주고 메이크업해주는 것이 아니라, 임상피부학 등의 전문지식을 도입하여 피부 건강을 체크하고 개선시키는 프로그램을 만든 것이다.

이러한 독특한 컨설턴트 방식이 나를 화장품 세일즈의 신화로 이끌어준 비법이었다. 이후 1999년에는 화장품 업계 최초로 대한민국 신지식인으로 선정되고 방송에도 출연하고 강연활동을 펼치는 등 새로운 삶을 살게 되었다.

화장품세일즈에서의 성공이 내 삶의 첫 번째 초석이었다면, 루안코리아와의 만남은 한 단계 더 크게 발전할 수 있도록 해준 결정적인 발판과도 같다. 방판시장의 한계와 유통방식의 개혁의 필요성을 절감하고 있을 때 네트워크마케팅에 눈떴고, 루안을 만났기 때문이다.

루안코리아에 들어와 19개월 만에 월수입 1억 원의 성공자가 된 후, 나의 능력과 상상력을 마음껏 펼치며 항상 꿈꿔오던 모든 것을 실현해 나가고 있다.

서민도 누구나 기회를 얻을 수 있도록
나를 만나는 모든 사람의 삶을 바꿔주고파

바야흐로 서민이 점점 더 살기 힘들어지는 시대다. 창업자 90만 명 중에 80만 명이 폐업하는 현실. 우리 사회의 허리와도 같은 40~50대가 절망하는 모습을 무수히 보아 왔다.

자원이 부족한 우리나라는 무엇보다도 유통업이 부가가치를 만들어

내야 하기 때문에 네트워크비즈니스는 시대의 대세가 될 수밖에 없다. 긴 역사를 지닌 미국에 비해 비록 역사는 짧지만, 네트워크마케팅이 아니고서는 어떻게 서민이 기회를 잡고 월수입 1억이라는 꿈같은 일을 실현시킬 수 있을까라는 생각이 든다.

꼭 돈을 얼마나 버느냐가 문제가 아니라 누구나 자기 인생의 중심을 잡고 미래를 꿈꿀 권리가 있는 것 아닐까?

루안코리아의 메인 그룹 중 하나인 리버스그룹의 그룹장으로서 나는 더 많은 사람들에게 성공의 꿈을 실현시켜주고 싶다.

지금의 내가 있기까지 그 누구보다도 많은 시행착오를 겪고 실패도 경험해봤기에, 처음 사업을 시작하는 사람들 혹은 실패로 인해 좌절한 사람들을 모두 성공자로 이끌어줄 자신이 있다. 그래서 그룹 내에서 성공스쿨을 운영하여 사업자들을 업그레이드시켜주는 교육을 실시하고, 전국을 무대로 동분서주하며 강연활동도 게을리 하지 않고 있다.

루안에서 사업을 시작한 후 사무실에 쌀가마니를 항상 쌓아 두고 따뜻한 밥을 지어 매주 세미나에 온 사람들에게 대접한다. 각자 조금씩 준비한 반찬만으로도 서로 정담을 나누며 식사할 수 있고 그 '밥시간'을 통해 마음을 나누며 감정의 응어리도 풀어낼 수 있다. 나는 이걸 '밥사'의 힘이라고 표현한다. 사람들에게 따뜻한 밥 한 그릇 대접할 수 있는 마음을 잊어버리지 말자는 뜻이다.

진정한 성공이란 이런 마음을 끝까지 잊지 않는 것이라고 생각한다.

예전에는 나 자신의 성공만을 바랐었다면 루안에서는 나의 파트너들, 내 그룹의 사람들, 나아가 내가 만나는 모든 이들의 삶이 변화할 수 있도록 돕는 데 모든 열정을 불사르고 있다.

tip | 이창우 더블다이아몬드가 전하는 말…

성공을 만드는 나인에스(9S) 법칙을 따르다

1. Sun - 변함없는 열정을 유지하라.

태양처럼 스스로 빛나는 존재가 되어야 한다. 태양이 늘 뜨겁듯이 열정이 항상 식지 않는 사람이 성공한다. 마음속에 활활 불타오르는 태양을 품은 것처럼 열정 에너지가 고갈되지 않도록 유지시키자.

첫째, 비전을 공유하자.

마치 태양이 구석구석 빛을 비추듯 자신의 비전을 다른 이들에게 전달하고 열정이 전염되게 해야 한다. 비전은 함께 하는 사람들과 동행하는 리더가 될 수 있도록 해주는 원동력이다.

둘째, 동기부여의 달인이 되자.

리더의 능력이 빛을 발하는 부분이 바로 동기부여를 얼마나 잘 하느냐이다. 같은 내용을 말하더라도 부정적인 이야기를 먼저 하고 긍정적인 이야기를 뒤에 하면 동기부여 효과가 극대화된다.

셋째, 독서를 에너지원으로 삼자.

다른 사람들과 동행하고 이끌어 리더가 되려면 지혜와 혜안이 있어야 한다. 이를 가능하게 해주는 힘은 무엇보다도 독서에서 나온다. 독서는 무한 경쟁 시대에 살아남을 수 있는 힘과 통찰력을 주며, 영혼의 땔감이자 에너지의 원동력이 된다.

넷째, 화합과 협력의 힘을 잊지 말자.

달이 태양으로 인해 빛나고 수많은 별들이 없으면 태양도 존재 의미가 없는 것처럼, 항상 중심에 존재하되 다른 이들과 조화를 이룰 수 있는 리더가 되어야 한다.

2. Smile - 웃음이 최고의 명약이다.

인간은 웃을 수 있는 유일한 영장류라고 알려져 있다. 하루에 15초씩 웃으면 수명이 이틀 연장되고 45분씩 웃으면 10년 연장된다고 한다. 웃음은 만병통치약이자 타인에게 좋은 인상을 심어주는 최고의 무기이다.

첫째, 집을 나서는 순간 구두를 신 듯 미소를 장착하라.

성공하기 위해 반드시 소지해야 하는 무기는 바로 미소다. 개인적인 고민과 근심이 있더라도 고객과의 만남이나 비즈니스 미팅이 있다면 근심을 내려둘 수 있어야 한다. '나는 온갖 걱정과 근심을 내 마음의 방에서 쓸어낼 수 있다' 는 자기암시를 통해 마음을 개운하게 만들고 상대방을 기분 좋게 만드는 웃음을 장착할 수 있다.

둘째, 거울을 보며 웃음 연습을 하자.
웃음도 훈련이 필요하다. 거울을 보며 다양한 표정으로 웃는 연습을 하다 보면 정말로 표정이 바뀌고 웃는 얼굴이 어울리는 사람이 된다. 웃으면 관상이 바뀌고 성공하는 얼굴로 변한다. 기분 좋은 생각을 자주 하고 사고방식도 긍정적으로 변화시키자.

3. Speech - 말은 성공의 씨앗이다.

자신의 목표와 비전을 자주 이야기하면 그 말들이 성공의 씨앗이 된다. 특히 긍정적인 언어를 자주 쓸수록 그 말이 정말로 실현된다. 부정적인 말은 부정적 기운을, 긍정적인 말은 긍정적인 기운을 불러일으킨다. 적극적인 말, 성공과 행복의 말, 기쁨의 언어를 자주 쓰자.

첫째, 리더의 역량은 스피치에서 드러난다.
성공한 리더는 언제 어디서든 자신의 생각을 당당하게 이야기할 수 있는 스피치 능력이 있는 사람이다. 객관적이고 논리적인 틀을 갖추고, 내면을 움직일 수 있는 진심을 말하라. 너무 높지도 낮지도 않은 톤으로 또박또박 말하는 연습을 하라.

둘째, 자신의 꿈을 말로 표현하라.

자시의 다짐, 앞으로의 목표를 거울을 보며 소리 내어 말하는 연습을 매일 하라. 속으로 생각하는 것과 입 밖으로 꺼내 말하는 것은 천양지차다. 꿈이 있다면 그 꿈을 반드시 남에게, 그리고 자기 자신에게 자주 말로 표현하라.

셋째, 꿈을 문장으로 구체화하여 말하라.

'부자가 될 거야 보다 '연 수입 10억을 달성할 거야' 처럼 좀 더 구체적인 목표를 설정하여 말하라. 자신의 사명과 비전을 구체적인 문장으로 쓴 다음 큰 소리로 외치는 습관을 들이자.

4. Story - 인생의 테마를 설계하라.

21세기는 스토리텔링의 시대이다. 가슴을 울리는 스토리를 남에게 효과적으로 이야기할수록 남을 감동시키고 성공할 수 있다. 그리고 공감대를 형성하여 인맥을 만들게 해준다.

목적이 있는 삶이 스토리를 만들고, 실패를 극복한 스토리가 성공을 만든다. 제품 하나를 전달하더라도 남들과 차별화되는 자신만의 이야기를 입혀 전달한다면 전달 효과가 달라진다.

5. Surprise - 작은 것에서 감동을 만들어라.

엄마가 아기의 몸짓 하나에도 놀라고 기뻐하는 것처럼, 상대방의 작은 행동과 말 한 마디에도 반응하고 감동할 수 있는 사람이 남을 감동시킬 수 있다. 파트너의 작은 성과에도 칭찬과 격려를 아끼지 말고, 적극적으로 리액션을 보여주자. 사소하더라도 작은 것부터 정성을 쏟고 배려하는 사람이 성공에 이른다.

6. Servant - 남을 섬기는 사람이 진정한 리더가 된다.

'서번트 리더십'이란 다른 사람을 섬기는 사람이 리더가 될 수 있다는 뜻이다. 타인을 위해 봉사하고, 남과의 소통을 중시하고, 상대방의 욕구를 위해 헌신할 수 있는 사람이 더 높은 리더가 될 수 있다.

첫째, 받고자 한다면 먼저 주어라.
섬김과 봉사의 자세로 열정을 다할 때 진정한 리더십이 나온다. 조직을 이끄는 리더가 되려면 먼저 희생하고 봉사하며 남을 배려하라.

둘째, 서번트 리더십의 실천 강령을 기억하라.
상대방의 욕구를 읽어낼 수 있도록 경청하고, 공감하고, 치유해주려는 태도를 갖고, 봉사하고, 파트너의 성장을 위해 도와주고, 모든 구성원들이 함께 발전할 수 있는 공동체를 만들어라.

7. Simple - 단순한 것이 힘이 세다.

첫째, 제품과 사업 설명은 단순하고 원칙대로 하라.

제품의 장점을 차분하게 설명하고 방법을 보여주되, 마치 제품을 떠넘기려 하는 것 같은 과장된 의욕을 보이지 않도록 주의하라. 사람 때문에 스트레스 받거나 일이 잘 풀리지 않을 때일수록 회사 시스템에 충실하여 원칙을 지켜라.

둘째, 모든 일을 단순화하여 시간을 관리하라.

모든 하루 일과의 업무 과정을 단순화하라. 집중을 방해하는 요소를 최소화하고 우선순위를 정하라. 그리고 중요한 일부터 하나씩 마무리하는 습관을 들여라.

8. Service - 리더는 봉사하는 사람이다.

첫째, 헝그리 정신을 잊지 말라.

사람은 고난 속에 있을 때 성장한다. 성공을 이루자마자 어려운 시절을 잊고 교만해진다면 성공의 기운도 금세 수그러들기 시작한다. 특히 첫 성공의 단물을 맛볼 때 도취되지 말고 초심으로 돌아가라.

둘째, 궂은일에 솔선수범하라.

리더는 불편함을 감수할 수 있어야 한다. 높은 위치에 오르고 사람들이 추앙할수록 몸을 낮추고 솔선수범하라. 존경받는 리더는 아랫사람을 부리는 것이 아니라 다른 사람을 귀하게 대할 줄 아는 사람임을 잊지 말자.

셋째, 항상 감사하라.

작은 일 하나에도 감사하는 마음을 갖고, 그 마음을 '고맙습니다'라는 말 한 마디로 표현할수록 긍정적인 기운이 만들어진다. 가족에게, 팀원에게, 고객에게 감사하는 마음으로 최선을 다할 때 그 기운이 성공의 결과물로 되돌아온다.

9. Sweet - 부드러움이 힘이다.

너무 강직한 사람보다 편안하고 부드러운 리더가 진정한 리더이다. 상대방이 누구든 가까워지고 싶은 사람, 편안하게 기대고 싶은 마음이 들게 하는 사람, 오해나 갈등이 있을 때는 직접 만나 경청하고 모든 구성원을 소중하게 대할 수 있는 사람이 되어야 한다.

첫째, 항상 수첩을 가지고 다니자.
고객을 만날 때도 항상 수첩을 펼쳐놓고 상대방과 눈을 마주치며 메모를 하는 습관을 들이자. 적절히 질문하고, 반응을 보이고, 메모하며 정성을 다한다면 상대방은 존중받는다는 기분을 느낀다.

둘째, 사과하는 것을 망설이지 말라.
실수했을 때 곧바로 사과하는 것도 중요하다. 체면 때문에, 나이 때문에, 자존심 때문에, 자신이 잘못한 것을 알면서도 사과하지 않는 것은 성공을 방해하는 가장 큰 장애물이다. 상대방 마음을 상하게 한 부분이 있다면 주저하지 말고 먼저 다가가 용서를 구하고 손을 내밀자.

셋째, 패션도 전략이다.

진정한 리더는 자신을 꾸밀 줄 아는 사람이다. 남성의 경우 깔끔한 슈트, 여성의 경우 스커트 길이가 너무 짧지 않고 하이힐 높이도 너무 높지 않은 단정한 정장이 적절하다. 액세서리는 과하지 않게 하고, 전체적으로 친근하면서도 세련되고 멋지게 보일 수 있도록 항상 자신을 가꾸자.

(참조 : 이창우 저서 〈진짜 기회를 만나라〉 중에서)

양성모
크라운

지난 20년 가까이 네트워크비즈니스에 종사하며 어느 누구 못지않은 베테랑급 안목을 갖게 됐다고 자부한다. 다양한 회사와 아이템을 경험하고 타 회사 최고직급자로 사업을 해본 경험도 있지만 더 이상 국내 시장은 입지가 좁다는 한계에 봉착해 잠시 네트워크 업계를 떠날까 고민했다. 그러다 루안코리아를 만나 글로벌 진출 비전의 가능성을 확신했다. 루안코리아의 1호 크라운으로서 회사의 성장을 위해 온 힘을 다하고 있다.

13 | 네트워크 문화 창출을 위한 첫 걸음

20년 경력의 네트워크마케팅 베테랑
루안코리아의 글로벌 진출 성공을 확신

네트워크비즈니스 업계에서 20년간 종사하면서 다양한 회사들을 접했다. 외국계 업체와 국내 업체를 두루 경험했고, 최고직급자로 수 년간 사업을 펼치며 승승장구한 적도 있었다. 그러나 회사 경영 문제로 인해, 혹은 시스템 문제로 인해, 탄탄해 보였던 회사가 하루아침에 문을 닫는 모습도 여러 번 보아왔다.

네트워크마케팅 사업자뿐만 아니라 신규 다단계 회사나 방판 회사를 위한 컨설팅 활동도 하였다. 그러나 오랜 경험 끝에 내린 결론은 국내 시장에서는 더 이상 성공의 입지가 크지 않다는 것이었다.

외국계 기업들의 경우 역사는 길지만 직급이 올라가고 성공하기까지의 입지가 좁아졌다. 국내 기업들의 경우 시장이 포화 상태가 되어 단순히 제품이 좋다고 하여, 혹은 개인이 열심히 노력한다고 하여 그 보답을 받을 수 있는 가능성이 현저히 줄어들었다. 방판법이 까다로워진 뒤로는 신규 업체들의 설립 건수도 줄어드는 것을 목격할 수 있었다.

성공에 대한 막연한 기대감이나 개인의 노력만으로는 이제 네트워크비즈니스 업계에서 성장하고 성공하기가 어려울 거라는 예감이 들었다. 또한 혁신적인 시스템을 구축하지 않고서는 토종 기업이 쉽사리 성공할 수 있을 것 같지 않았다.

이러한 한계에 대한 답을 준 회사가 바로 루안코리아다. 우리나라에서 네트워크비즈니스를 하는 것에 대해 한계를 느끼고 업계를 잠시 떠나 있었던 나에게, 루안코리아는 첫 느낌부터 다르게 다가왔다.

오너의 마인드에 대한 믿음, 보상플랜 등 현재 왕성하게 활동하고 있는 루안의 사업자들이 공통적으로 꼽는 장점들이 많다. 그중에 내가 가장 감탄한 것은 순수 토종 회사로서 글로벌 시장으로 진출할 수 있다는 확고한 비전이었다.

세계 시장으로 첫 발을 내디딘 회사
국내 토종기업 중 놀라운 성장 가능성 보여

이 부분은 네트워크 종사자로서 그동안의 세월 동안 국내 시장에서 느꼈던 한계를 정확히 짚어낸 것과도 같았다. 비록 우리나라에서 탄생한 회사지만 글로벌 마케팅에 의해 성공할 수 있다는 가능성을 루안에서 찾았다. 그리고 회사 설립 이래 지금까지 그 비전을 착실히 실현시키고 있다.

루안이 세계시장에서 성공할 수 있는 이유는 다음과 같다.

첫째, 네트워크마케팅 회사가 반드시 갖춰야 할 시스템을 철저히 구현하고 있다.

회사가 지속적으로 유지되려면 결국 경영 구조와 시스템이 투명하고 합리적이어야 한다. 현재 루안코리아의 보상플랜은 국내의 어떠한 업체라도 모범으로 삼을 만한 룰을 철저히 지키고 있다. 그래서 상위 직급자와 초기 사업자의 동반 성장 및 무한 소득 창출이라는 비전의 현실화가 이루어지고 있다.

둘째, 제품의 단순함이 가장 큰 강점이자 장점이다.

루안의 주력상품 몽니스는 기존의 화장품과는 다른 제품이다. 사용이 간편하고 아이템이 단일하며 효능이 뛰어나다는 것은 네트워크마케팅에 매우 적합한 특징을 지니고 있는 것이다.

셋째, 회사 설립 2년이 안 되어 무서운 성장세를 보이고 있다.

설립된 지 2년도 되지 않아 루안코리아는 우리나라 토종 네트워크마케팅 회사 중 탑 쓰리 안에 꼽힐 수 있을 정도로 무서운 돌풍을 일으키고 있다.

그리고 이 여세를 몰아 국내 1위가 아니라 전 세계 시장을 무대로 성장할 수 있는 충분한 가능성을 보이고 있다. 실제로 해외 지사 8개를 운영 중이고 20여 개국 이상의 나라에서 제품을 판매하며 해외마케팅 활동을 펼치고 있는 중이다.

네트워크비즈니스는 시스템 복제가 생명
올바른 교육과 문화 만들기 위해 노력

네트워크마케팅의 정의와 장점에 대해 여러 가지 설명을 할 수 있겠지만, 내가 가장 중시하는 것은 네트워크비즈니스란 시스템을 무한대로 복제하는 사업이라는 점이다. 무한 복제를 성공시키기 위한 가장 중요한 방법은 '교육'이다.

이제는 네트워크 사업자들 스스로도 '돈을 얼마 버느냐'가 아닌 '어떻게 해야 성공할 수 있는가'를 지속적으로 배워나가야 할 것이다. 또한 능력 있는 사람보다 인성 좋은 사람이 성공할 수 있음을 몸소 증명함으로써 올바른 네트워크 문화를 정착시켜야 할 때라고 본다. 그래야 네트워크마케팅에 대한 기존의 사회적 편견을 불식시키고 대한민국에 긍정적인 네트워크 문화를 퍼트릴 수 있을 것이다. 이러한 장기적인 교육과 문화를 위해 나는 다음 2가지에 특히 주력하고 있다.

첫째, 사업자 교육을 집중적으로 할 수 있도록 교육시스템 발전을 위해 노력 중이다.

네트워크비즈니스는 성공의 복제를 통하여 성공을 무한대로 복제할 수 있다는 것이 가장 큰 특징이자 장점이다. 그래서 모든 네트워크비즈니스 업체에서는 교육을 무엇보다도 중시하는데, 루안코리아(주)의 경영진은 회사 설립 초반부터 이 점을 가장 중시하였다.

사업 초보자와 직급자들에게 제대로 된 정보를 전달하고 조직 관리와 경영의 전문가로 거듭날 수 있도록 하자는 것이 교육의 기본 취지이다. 나는 루안코리아(주)의 다양한 교육프로그램들이 우리나라 네트워크비즈니스의 모범이자 롤 모델이 되도록 하는 데 주력하고자 한다.

둘째, 올바른 네트워크 문화를 만들어나가고자 노력 중이다.

네트워크 종사자들이 타의 모범이 되는 사고방식과 인성을 가져야 회사가 성장할 수 있고 국내 네트워크 업계가 함께 발전할 수 있다. 네트워크는 사람을 대하는 사업이기 때문에 사업자 한 사람 한 사람의 인성이 가장 중요하다. 내가 이끄는 Y패밀리그룹의 경우 '절대 긍정, 절대 감사, 절대 행복, 절대 복제'라는 4가지 모토를 내세우고 다양한 방법을 활용해 생활 속에서 실천하고 있다. 이러한 모토로 우리만의 긍정적인 문화를 창출하기 위해서이다.

루안코리아(주)의 1호 크라운으로서 나는 모든 사업자들이 함께 성공하는 모습을 반드시 볼 수 있으리라 확신한다. 과거에 사업을 하면서 느꼈던 한계들을 이제 루안에서 극복할 수 있고, 내가 꿈꿨던 것들을 하나씩 하나씩 실현시킬 수 있게 되었다.

네트워크비즈니스를 하면서 예전에는 성공을 모토로 삼았다면 루안에서 사업을 한 이후로는 이 일을 하는 진정한 보람을 느끼고 있다. 루안코리아(주)가 국내 네트워크비즈니스 업계의 모범이라 불리는 기업이 될 수 있도록 열정을 불사르고 싶다.

시크릿 8단계에 성공이 있다

1단계 : 꿈과 목표를 키우면 믿음이 확고해진다.

네트워크비즈니스는 믿음의 사업이다. 만약 자기를 믿지 못하고 목표 설정이 확실하지 못하면 상대방에게도 믿음을 주기 어렵다. 그 믿음을 확실히 확인시켜 주는 방법은 항상 미래를 꿈꾸고 설정하면서 자신이 무엇을 이루고 싶은지 계획을 세우는 것이다.

2단계 : 동기부여를 통해 열정의 온도를 유지한다.

네트워크비즈니스는 열정이 사라지면 계속하기 어려운 일이다. 열정의 온도를 계속해서 유지할 수 있는 가장 중요한 방법은 항상 내면에 동기부여를 하는 일이다. 동기부여를 위해서는 개인의 취향과 생활방식에 따라 여러 가지 방법이 있지만 독서가 가장 중요하다. 매일 책을 읽으면 난관을 이길 수 있는 지혜를 배울 수 있게 된다.

3단계 : 명단은 성공 시스템의 출발이다.

네트워크사업에서 명단을 작성한다는 것은 단순히 아는 사람의 이름을 쥐어 짜내 나열하는 것을 뜻하지 않는다. 명단이란 내가 장차 앞으로 성공의 시스템 안에 포함시키고 함께 원윈(win-win)할 수 있는 진정한 인맥을 구축하는 첫 단계이다.

4단계 : 네트워크의 시작은 초청이다.

네트워크비즈니스를 할 때 성공과 실패를 가르는 가장 중요한 요소는 초청을 어떻게, 얼마나 하느냐이다. 왜냐하면 말 그대로 사람과의 만남을 통해 네트워크의 인맥을 단단하게 형성해 나감으로써 다른 사람들에게 성공을 전하는 일이기 때문이다. 초청 단계에서 거절을 당할 수 있음을 늘 염두에 두어야 한다. 그리고 거절을 두려워하지 말고 먼저 다가갈 수 있어야 한다.

5단계 : 사업 설명은 현실적일수록 좋다.

네트워크비즈니스가 말도 안 되는 허황된 꿈을 이뤄주는 막연한 사업인 것으로 오해하게 만들어서는 안 된다. 모든 사업이란 가만히 앉아 일확천금을 벌 수 있는 신기루 같은 것이 절대 아니다. 정확한 플랜이 있어야 하고 현실적인 대안이 있어야 하며 전문적인 지식과 자료가 있어야 한다. 사업이 뜬구름 잡는 것이 아님을 설명할 수 있도록 철저한 준비를 하자.

6단계 : 인간관계는 후원의 본질이다.

네트워크비즈니스 사업자가 가장 어려워하는 부분은 후원과 사후관리이다. 누구나 초청할 수 있고 누구에게나 사업 설명을 할 수 있지만, 그보다 더 중요한 것은 상대방의 피드백을 통해 맞춤형 정보를 전달하는 일이다. 다른 사람을 잘 후원한다는 것은 결국 진심이 담긴 인간관계를 형성한다는 뜻이다. 즉 상대방으로 하여금 자신을 존중해주고 있다는 느낌을 갖게 해야 한다.

7단계 : 상담할 때는 요점을 짚어준다.

네트워크비즈니스를 진행함에 있어서 누구나 자신만의 장점과 잠재력을 발휘할 수 있는 단계가 바로 상담의 단계이다. 사업자가 되고자 하는 사람들을 만나 정확한 정보를 전달해야 하는데, 이때부터는 남들과 다르고 자기만이 가진 노하우와 진정성이 요구된다. 단순한 나열식 설명이 아니라 경험을 담고, 핵심 포인트와 요점을 정확히 짚어 가장 효율적인 방법을 전달해야 한다.

8단계 : 경험자의 성공 방식을 복제한다.

네트워크비즈니스가 상위 1퍼센트가 아닌 모든 사람의 성공을 윈윈(win-win)의 방식으로 이룰 수 있는 비결은 성공의 복제에 있다. 경험자나 스폰서의 성공 방식을 복제하는 것은 자신의 사업을 빠르고 효율적으로 확장할 수 있는 가장 확실한 방법이다. 또한 자신이 다른 사람을 후원하고 인맥을 키워나갈 때 반드시 나의 성공 방식을 상대방이 복제할 수 있도록 해주어야 한다. 성공의 복제를 위해서는 제일 먼저 나 자신이 시스템을 명확히 이해하고 있어야 하며, 그 시스템에 대해 끊임없이 배워야 한다. 또한 이것을 남에게 가르칠 수 있을 정도로 전문적인 지식과 과정을 속속들이 이해하고 나만의 노하우를 잘 정리해놓아야 한다.

정상에서 만납시다!

시작은 미약했습니다.

모두가 고개를 내저으며 부정의 시선을 보낸 적도 있었습니다.

때론 걱정 어린 표정으로 성공에 대한 가능성보다 실패에 대한 두려움을 먼저 염두에 둔 이들도 있었습니다.

하지만 우리의 내면에는 삶의 그 어떤 순간보다 강렬한 믿음과 신뢰가 깊이 자리하고 있었습니다. 경영자와 사업자, 모두의 눈빛에서 굳건한 신뢰를 거듭 확인할 수 있었습니다.

나이도, 성별도, 하던 일도, 살아온 경험도 저마다 다른 이들이 루안에서 만났고 언제부턴가 가족이 되어갔습니다. 모두의 가슴 속엔 무궁무진한, 혹은 눈물겨운 저마다의 라이프스토리가 있었지만, 얼마 안 가한 목소리로 이야기할 수 있게 되었습니다.

"몽니스라면 내 인생을 걸 수 있다!"

어떤 이는 자신의 '확신' 을 믿었다고 했습니다. 또 어떤 이는 풍부한 인생 경험을 기반으로 돌다리를 수십 번 두들기듯 분석을 거듭했노라고 했습니다. 누군가에겐 삶의 마지막 희망이기도 했고, 또 다른 누군가에겐 새로운 인생의 시작이기도 했습니다.

그중에서도 루안의 가족들이 입을 모아 이야기하는 것은 바로 '신뢰' 입니다. 회사에 대한 신뢰, 시스템에 대한 신뢰, 사람에 대한 신뢰, 그리고 성공에 대한 신뢰. 이러한 굳은 신뢰와 확신이 오늘날의 루안을, 그리고 지금까지의 '몽니스 신화' 를 만들어냈다고 해도 과언이 아닐 것입니다.

이제까지 그래왔듯이 몽니스 사업자들은 앞으로도 꺼지지 않는 신뢰와 열정으로 똘똘 뭉칠 것입니다. 그리하여 우리나라는 물론이고 글로벌 무대에서 더 많은 이들에게 희망을 선사하는 미래지향적 비즈니스를 펼칠 것입니다. 루안의 발걸음은 이제 시작입니다!

몽니스 사업에 대한 열정만 있으면 누구나 도전할 수 있으며 함께 성공할 수 있습니다.

정상에서 만납시다.

기능성 화장품 하나로 상식을 뒤엎은
루안코리아의 이유 있는 연매출 250% 성장의 비밀

몽니스 스토리

초판 1쇄 인쇄 2014년 12월 05일
2쇄 발행 2014년 12월 10일

지은이 최병진 외 13인
발행인 이용길
발행처 MOABOOKS 모아북스

관리 정윤
디자인 이룸

출판등록번호 제 10-1857호
등록일자 1999. 11. 15
등록된 곳 경기도 고양시 일산동구 호수로(백석동) 358-25 동문타워 2차 519호
대표 전화 0505-627-9784
팩스 031-902-5236
홈페이지 www.moabooks.com
이메일 moabooks@hanmail.net
ISBN 979-11-86165-67-6   03320

MOABOOKS 모아북스 는 독자 여러분의 다양한 원고를 기다리고 있습니다.
(보내실 곳 : moabooks@hanmail.net)

이 도서의 국립중앙도서관 출판예정도서목록(CIP)은 서지정보유통지원시스템 홈페이지
(http://seoji.nl.go.kr)와 국가자료공동목록시스템(http://www.nl.go.kr/kolisnet)에서 이용하실 수 있습니다.
(CIP제어번호: CIP2014035369)

몽니스 사업 누구나 도전할 수 있다
시작은 어떻게 해야 하나요?

내게 어떤 사업 지원 자료가 필요할까?

이 질문에 대한 대답은 '사업진행에 따라서 다릅니다' 입니다!

그것은 여러분이 얼마나 큰 네트워크를 얼마나 빨리 이루고자 하느냐에 따라 달라집니다. 네트워크 사업은 여러분이 생각하시는 것처럼 한가지로 정해져 있는 것이 아닙니다.

물론 그동안의 경험을 통해서 우리는 여러분이 성공을 향해 나아가는 데 있어서 우선적으로 중요하게 생각해야 하는 내용이나 기술이 어떤 것들인지 알려 드릴 수 있습니다. 많이 아는 만큼 사업진행도 좋아지는 동시에 자신감도 생길 수 있기 때문에, 사업에 대한 정확한 지식을 쌓는 것은 무엇보다도 중요합니다.

여러분이 몽니스 사업을 진지하게 생각하면서 성공하고 싶다면, 처음부터 제대로 된 사업지원 자료(TOOL)를 가지고 시작하셔야 합니다.

시작 단계에서 올바른 결정을 내리신다면 더욱 효율적이고 효과적으로 사업을 하실 수 있을 뿐 아니라 다른 사람들도 여러분이 하시는 그대로 따라 하게 될 것이기 때문에, 장기적으로 보면 시간과 돈을 절약하는 것이 됩니다.

다음에 제시되어 있는 것은, 여러분이 가장 효과적으로 사업을 진행하실 수 있도록 추천해드리는 '툴' 과 비즈니스 도서입니다.

시작하라

장성철 지음 / 120쪽 / 값 6,000원

손에 잡히는 SUCCESS 총서 001

시대의 경제 흐름을 파악하고 미래를 예측하고자 하는 모
든 이들을 위한 가이드북으로, 진정한 삶과 행복이란 무엇
이며 성공에 대한 확신과 함께, 무엇을 준비해야 할지를
소개하며 1인 비즈니스의 로드맵을 제시한다.

네트워크 비즈니스가 당신에게 알려주지 않는 42가지 비밀

허성민 지음 / 132쪽 / 값 6,000원

손에 잡히는 SUCCESS 총서 002

네트워크 비즈니스라는 신개념 비즈니스에 참여하기에 앞
서 반드시 짚고 넘어가야 할 핵심 42가지를 꼼꼼하게 제시
한다. 네트워크 사업에 대한 깊이 있는 성찰까지 고루 담
고 있는 만큼 처음 시작하는 이들에게는 필수적인 지침서
역할을 한다.

액션플랜

이내화 지음 / 208쪽 / 값 9,000원

손에 잡히는 SUCCESS 총서 003

평생직업의 시대에 든든한 자산이 되어주는 것은 인간관
계임을 깨우치고, 고객의 개념을 어떻게 정립하고 어떻게
나의 고정자산으로 만들 것인지에 대한 방법론을 제시한
다. 고객을 내 편으로 만들기 위한 사고의 전환, 행동의 전
환을 유도하는 가이드북으로써 구체적인 고객관리 매뉴
얼을 제시한다.

변화속의 기회

박창용 지음 / 94쪽 / 값3,000원
네트워크비즈니스 성공시스템1
많은 선진국들에서 가장 과학적이고 효율적인 비즈니스 시스템으로 인정받고 있는 새로운 비즈니스를 통해 자신의 꿈을 이루는 방법에 대해 소개한다.

초기 3개월 성공테크

김정흠 지음 / 86쪽 / 값3,000원
네트워크비즈니스 성공시스템2
네트워크 비즈니스는 훌륭한 성공 시스템을 통해 가장 효율적으로 성공에 도달할 수 있는 과학적이고 합리적인 사업이다. 하지만 처음 이 사업에 도전하는 이들에게 네트워크 비즈니스는 아직 첫 발을 성큼 디디기 어려운 미지의 세계처럼 여겨질 것이다. 사업 성공에서 가장 중요한 초기 3개월을 어떻게 보내면 좋을지를 살핌으로써 훌륭한 네트워크 비즈니스 초기 플랜을 따라가 볼 수 있다.

네트워크마케팅, 시스템을 알면 성공한다

2014년 전면개정판 석세스기획연구회 지음 / 234쪽 / 값10,000원
네트워크사업 주먹구구식으로 살아남을 수 없다! 네트워크비즈니스는 시스템만 따라 하면 결국 성공한 이들의 경험과 노하우 속에서 탄생한 것인 만큼 자기 방식보다는 시스템과 함께 하는 것이 성공 비결이다 . 이 책은 사업 초기에 사업 진행에 따른 상세한 안내와 시스템 실행으로 성공할 수 있는 최고의 비법을 담고 있다.

아바타 수입

김종규 지음 / 224쪽 / 값12,500원

〈드림빌더〉 김종규 박사가 당신에게 묻습니다.
원하는 삶을 살고 싶다면 당신의 1순위는 무엇입니까?
풍부한 강연 경험으로 널리 알려진 김종규 박사의 '한 번 구축하면 평생 수입이 들어오는 아바타 수익 시스템'을 현실적이고 단계적인 방법으로 상세히 기술한 책으로 시스템을 통해 평생 수익을 얻는 방법을 제시하고 있다.

4,300원의 자신감 네트워크마케터 이혜숙이 그린 꿈의 지도

이혜숙 지음 / 250쪽 / 값 13,000원

네트워크비즈니스의 편견을 KO 시킨 억대연봉 아줌마 도전기
초등학교 보건교사에서 억대 연봉자로 변신한 이혜숙의 네트워크사업 성공법과 함께 생활 속에서 소비패턴만 갖추면 누구나 쉽게 인생의 라이프스타일을 구축 할 수 있는 비법을 제시한다. 처음 네트워크비즈니스를 만나 억대 연봉자로 성공하기까지 평범한 사람 누구나 백만장자가 되는 '부자 되는 네트워크 시스템'을 만나보자.

드림빌더

김종규 지음 / 278쪽 / 값 13,000원

절대긍정으로 삶을 개척한 드림빌더의 신화
'드림빌더' 이론은 아무리 작은 꿈이라도 일단 꿈을 품는 자는 성공의 계단에 들어서게 된다는 원칙을 중심으로 아무리 힘들고 어려운 상황에서도 꿈을 가지고 꿈의 성취를 지속시키는 자는 승리한다는 점을 말한다. 드림빌더 강연은 풍부한 경험과 사례, 강력한 공식으로 큰 호응을 받고 있음은 물론, 현실 속에서 함께 꿈꾸고 그 꿈을 성취하고자 하는 많은 이들의 삶의 재기를 이끌어낸다.

나인레버

조영근 지음 / 248쪽 / 값 12,000원

하는 일마다 잘 되는 사람의 이유를 아는가?

리더들이 갖추어야 할 '9가지영향력'의 핵심을 전하고 있다. 오랜 기간 동안 성공, 출세했다는 사람들을 만나 온 저자는 직접 경험하고 체험한 것을 기초로 삶을 살아가는 데 가장 필요한 아홉 개의 덕목을 지침으로 전달하고 있다.

살아가면서 한 번은 당신에 대해 물어라

이철휘 지음 / 256쪽 / 값 14,000원

보다 나은 미래를 설계할 수 있는 희망 솔루션

이 책은 가치관의 혼란을 겪고 인간관계에 매번 실패감을 느끼는 이들에게 변화의 방향을 제시하여 자신을 돌아보는 데에 도움을 주고자 한다. 현장 경험이 풍부한 저자가 직장에서, 가정에서 어떠한 리더십을 펼쳐야 우리가 패배감에서 벗어나 미래를 긍정적으로 열어갈 수 있는지에 대해 이야기하고 있다.

남편만 믿고 살기엔 여자의 인생은 짧다

허순이 지음 / 256쪽 / 값 13,000원

여성의 진짜 모습을 찾아가는, 인생 2막을 위한 셀프 콘서트

나이 오십에 이르러 자녀로부터 독립을 선언하며, 밥순이에서 허순이로 자신의 이름을 찾았으며, 저자는 지금까지 누구누구 엄마로 살았다면 앞으로는 자신을 위해 살겠다고 당당하게 말한다. 또한 같은 길을 걷고 있는 이 땅의 워킹맘들과 가정주부들에게 따끔한 희망의 메시지를 전하고 있다.

현대 의학을 넘어 각종 질병 예방과 함께
읽으면 더 좋은 내 몸을 살린다 도서

정윤상 외 지음 / 전 25권 세트 / 값 75,000원

건강 적신호를 청신호로 바꾸는 건강 가이드 내 몸을 살린다 세트로 건강한 몸을 만드세요

① **누구나 쉽게 접할 수 있게 내용을 담았습니다.**
　일상 속의 작은 습관들과 평상시의 노력만으로도 건강한 상태를 유지할 수 있도록
　새로운 건강 지표를 제시합니다.

② **한 권씩 읽을 때마다 건강 주치의가 됩니다.**
　오랜 시간 검증된 다양한 치료법, 과학적·의학적 수치를 통해 현대인이라면 누구나
　쉽게 적용할 수 있도록 구성되어 건강관리에 도움을 줍니다.

③ **요즘 외국의 건강도서들이 주류를 이루고 있습니다.**
　가정의학부터 영양학, 대체의학까지 다양한 분야의 국내 전문가들이 집필하여,
　우리의 인체 환경에 맞는 건강법을 제시합니다

내 몸을 살린다 시리즈 목록

No	도서명	분류	저자
1	비타민, 내 몸을 살린다	건강	정윤상 지음
2	물, 내 몸을 살린다	건강	장성철 지음
3	면역력, 내 몸을 살린다	건강	김윤선 지음
4	영양요법, 내 몸을 살린다	건강	김윤선 지음
5	온열요법, 내 몸을 살린다	건강	정윤상 지음
6	디톡스, 내 몸을 살린다	건강	김윤선 지음
7	생식, 내 몸을 살린다	건강	엄성희 지음
8	다이어트, 내 몸을 살린다	건강	임성은 지음
9	통증클리닉, 내 몸을 살린다	건강	박진우 지음
10	천연화장품, 내 몸을 살린다	화장품	임성은 지음
11	아미노산, 내 몸을 살린다	건강	김지혜 지음
12	오가피, 내 몸을 살린다	건강	김진용 지음
13	석류, 내 몸을 살린다	건강	김윤선 지음
14	효소, 내 몸을 살린다	건강	임성은 지음
15	호전반응, 내 몸을 살린다	건강	양우원 지음
16	블루베리, 내 몸을 살린다	건강	김현표 지음
17	웃음치료, 내 몸을 살린다	건강	김현표 지음
18	미네랄, 내 몸을 살린다	건강	구본홍 지음
19	항산화제, 내 몸을 살린다	건강	정윤상 지음
20	허브, 내 몸을 살린다	건강	이준숙 지음
21	프로폴리스, 내 몸을 살린다	건강	이명주 지음

No	도서명	분류	저자
22	아로니아, 내 몸을 살린다	건강	한덕룡 지음
23	자연치유, 내 몸을 살린다	건강	임성은 지음
24	이소플라본, 내 몸을 살린다	건강	윤철경 지음
25	건강기능식품, 내 몸을 살린다	건강	이문정 지음

내 몸을 살리는 시리즈 목록

No	도서명	분류	저자
01	내 몸을 살리는, 노니	건강	정용준 지음
02	내 몸을 살리는, 해독주스	건강	이준숙 지음
03	내 몸을 살리는, 오메가-3	건강	이은경 지음

_도서는 계속 출간됩니다